彭增军（Zengjun Peng）◎著

在线　在场　在地
新闻的未来

The **Future** of
Journalism
Intellectual Promises &
Professional Prospects

中国社会科学出版社

图书在版编目(CIP)数据

在线 在场 在地：新闻的未来 / 彭增军著. —北京：中国社会科学出版社，2022.12

ISBN 978-7-5227-1022-8

Ⅰ.①在⋯ Ⅱ.①彭⋯ Ⅲ.①新闻工作—研究 Ⅳ.①G210

中国版本图书馆 CIP 数据核字(2022)第 214203 号

出 版 人	赵剑英
责任编辑	王丽媛
责任校对	党旺旺
责任印制	王 超

出 版	中国社会科学出版社
社 址	北京鼓楼西大街甲158号
邮 编	100720
网 址	http://www.csspw.cn
发 行 部	010-84083685
门 市 部	010-84029450
经 销	新华书店及其他书店
印 刷	北京君升印刷有限公司
装 订	廊坊市广阳区广增装订厂
版 次	2022年12月第1版
印 次	2022年12月第1次印刷
开 本	650×960 1/16
印 张	15.25
插 页	2
字 数	161 千字
定 价	58.00 元

凡购买中国社会科学出版社图书，如有质量问题请与本社营销中心联系调换
电话：010-84083683
版权所有 侵权必究

序

夜半挑灯更细看

雨穿过了屋顶
所有太阳哺育的繁荣
那些清晨打开,晚上又合上的书本
一整天,都在寻找着光
……

一滴雨,落在
吉他上,又一滴
落在尚有体温的床上
你我之后
这场雨或将停止,或将继续
即使落在自己的身上

在线 在场 在地
　　新闻的未来

我越来越相信这世界的所有美妙，甚至意义，都无非是偶然和巧合。

一周来，都在考虑这序该怎么写，一会儿觉得该说的话都在书里说了，一会儿又觉得好像有许多话要讲。往往坐在桌前，望着窗外发呆。两只松鼠在树上追逐打闹，全然不顾愤怒的小鸟。喝口茶，刷刷朋友圈，天也就黑了，就像现在。

天黑了也就算了，竟然无厘头似的下起了雷阵雨。抬头看，也就一块云彩而已。

雨点很大，重重敲打着屋顶，鼓点一般。然后，然后"偶然"就出现了：我在网上看到了上面这首诗。诗的作者，查了谷歌才知道是位女诗人，名叫华妮歌（Connie Wanek），退休前是位图书馆的工作人员，就住在苏比利尔湖畔的一个名叫德如思的小城，离我也就两个小时的车程。

这首诗实在太棒了，尤其结尾：这场雨或将停止/或将继续/即使落在自己的身上。

雨落在雨的身上！这让我想起四年前，一个冬夜，我在为我的上一本书《新闻业的救赎》写序，雪已经下了一天，而我

序
夜半挑灯更细看

当时正心动于美国超现实主义诗人勃莱（Robert Bly）的一句诗：雪落在雪上。

是的，离《新闻业的救赎》出版过去了整整四年，雨落在雨上，雪落在雪上，雨落在雪上，雪又落在雨上。新冠疫情夺去了三年多，国内我名下的研究生还没见过面，就毕业了。四年来，除了疫情，好像没有发生太多，又仿佛改变了许多，这后疫情社会，一切都似乎不一样了。单就时间的意义上讲，后疫情这个"后"是我们所希冀的。然而，另一个"后"却是我们无比困惑和担忧的，那就是所谓的"后真相"。传播学家凯瑞早在20多年前就预见性地指出：传播科技革命的后果之一，是各个派别都利用其来构造不同的现实，进而争夺谁的现实得以尊重和显现，真相成为奢侈品。

四年，就我本人来说，除了白头发见多，其他似乎没什么长进。但是，正如题目所用的陆游的诗所讲的，位卑未敢忘忧"国"，夜半挑灯更细看，新闻业面临的种种问题以及后果，是时刻萦绕心头的。

如同《新闻业的救赎》一样，这里也讨论了16个问题，写得比较随性，也没做什么统一的筹划，难免有些松散。不过，犹如散落的16颗小石头，虽然粗陋，有各种瑕疵，却是用心琢磨过的，现在串在一起，倒也可观。我特别欣赏法国作家卡里埃尔说过的一段话："那些大写的真理无非是我们用幻觉打造的钻石。我们只能沿路捡拾些微小的真理，那些迅即被发表、一再被讨论、经常被遗忘的真理。"我这本书里所讲的谈不上什么

在线 在场 在地
新闻的未来

真理，也就是自己的一些思考，或着说是诗人弗罗斯特所说的"混沌中暂时的停顿"（momentary stay against confusion），不算什么高深的学问。做学问是件耗人的事，整天概念啊定义啊该有多辛苦，而整天拿着理论研磨小刀，恨不得把一切都放到手术台上解剖也是够累人的。

因为出于一个前新闻人、学者和普通受众等多种身份的思考，所以书里的许多观点说得好听一点是复式的，难听一点是啰唆、重复甚至是不和谐的，尤其要对比《新闻业的救赎》的话。其实我是非常不喜欢用新闻业这个词的，我的本意是专业主义新闻，所以这本书的名字就叫了"新闻的未来"，而没有叫"新闻业的未来"。这名字听起来或许有点误导，因为大部分内容是在谈新闻的现在。但是，如果我辩解说现在也曾经是过去的未来，恐怕也说得过去，何况，对于未来，能够把握的也只有现在。

同《新闻业的救赎》相同的，是这16篇文章都围绕两个核心问题：新闻的专业性和公共性。这也可以落实到更接地气的两个词——新闻的智商和情商。

新闻的智商涉及新闻的理论和原则，重中之重当然是新闻与民主的关系、新闻在社会发展的地位与作用等。人类文明的发展有硬件和软件的要求，最为重要的是如何通过协商而不是暴力来解决社会问题。这是件极为复杂、困难的事，人类社会付出无数代价，却依然没有根本解决，却随时都有重蹈覆辙的危险。据说柏拉图通过计算，认为一个民主共和国不应超过

5040个公民，因为那是一个人可以熟悉交往的人数的上限，超过这个上限，人类的智商则无法处理复杂的社会问题。英国牛津大学进化心理学家邓巴尔（Robin Dunbar）则认为即使在现代社会，一个人熟悉交往的朋友也超不过150个，关系密切者超不过5人，一旦突破这个数，就会有失控的危险。也许许多人不以为然，不是有六度分隔定律：任何两个陌生人之间所间隔的人不会超过六个吗？不是说万能的朋友圈吗？

每学期的头堂课，我都会照例发发教学计划，做做自我介绍，扯些闲篇。为了不冷场，我会问学生有多少社交好友。美国学生尽管现在都不怎么玩Facebook等社交媒体，但平均的朋友数也在500人左右。我往往会说：你有那么多朋友？真的吗？发个动态说你明天搬家，需要帮忙，看看有几个朋友。大家都笑了。

传播科技赋予我们各种联络、交流的手段，但是，我们彼此的理解更多，关系更紧密了吗？恐怕未必，也许正相反，越来越隔膜，离现实越来越远。现在有多少孩子看到过长在树上而不是堆在超市里的苹果，有多少人是抬头从天上而不是低头从朋友圈看到中秋的月亮？

在今天这个高机会、高风险社会，通过交流达到共识至关重要，这就需要一个舒德逊所说的即使不怎么可爱却无比必要的新闻界，注意，这里用了新闻界，而不是新闻业，因为这个"界"不单指一个在商言商的行业。新闻作为公共服务应该是体制性存在，尤其作为监督权力的"看门狗"和"稻草人"，

在线 在场 在地
新闻的未来

其存在本身就是意义。

本书中所讨论的"新闻的荒漠化""新闻的弃儿""算法新闻的公共性"等均属于这方面的问题,必须咬定青山不放松,夜半挑灯更细看。

也许三年的疫情使人变得脆弱,本书重点关注了新闻的情商问题,比如"新闻的感性""新闻与文学"等。此类话题在新闻学界多少算是禁忌,而我则以为,就新闻的现状与未来来说,情商比智商显得更为急迫和重要。

必须申明的是:许多重要的议题没有涉及,不是自己没想到,而是问题太大或者太复杂,不好说或者说不好。孩提时代,常被家长训斥:"想好了再说!"许多问题确实想不好,所以闭嘴。然而,许多问题感觉想得还行,还是没有说,原因是另外一句话,叫"说不好的别说!"据说美国总统艾森豪威尔卸任后开始学油画。某天,艾森豪威尔向朋友炫耀刚完成的一张静物,上面有西红柿、黄瓜等,鲜亮逼真。现场有小朋友问:"总统先生,为什么没有西兰花?有什么重要的理由吗?"艾森豪威尔笑了:"好问题。重要的理由是:我还没学会画西兰花。"

在写作方式上,我依然认为应该理性思考,感性表达。我认为理论和概念需要回归、落实于自己的个人经验。个人经验会使坚硬的理论变得柔软,易于消化,从而得以重新发现自我以及同自我紧密相关的他人和社会。这不仅仅是把自己作为方法,或许也可以称为"把自我作为理论"(biography as theory)。

还想交代的一句话是:四年来,从全球的范围来讲,特别是美国的新闻生态，是恶化的。我这个人生性比较懒散，所以说话不爱绕弯子，对于新闻的现状，作为个人，有些沮丧，作为学者，有些迷茫，但是作为一名老师，我却没有资格和理由悲观，否则如何面对学生？再说了，学生本身不就是希望吗？

话说到这里似乎有点过分感性了，也许又该来借助一下诗歌。有句老话说，诗歌与新闻是一对敌人，但是，我却觉得诗歌与新闻应该是一对情人，虽然新闻重事实，诗歌重情感，但大家的追求却是相同的，那就是真理。2020年，《纽约时报》编辑部开始了一个不同寻常的传统：每天的编前会，首先要有一位编辑，为大家朗读一首诗，然后再来讨论贫穷、战争、灾难、疾病，等等。我认为每个新闻编辑部都应该效仿，开始做新闻前，不妨读读诗歌。这至少有两个好处：一个是可以抚慰我们的心灵，从而去面对世界的无常；再一个，也许更重要的是，诗或许会让我们脆弱，但脆弱会成就敏感，使新闻不光是坚硬的事实，更是人间烟火的冷暖。

美国普利策诗歌奖得主、诗人罗宾逊（Edwin Arlington Robinson）曾经说过，诗歌有两个鲜明的特点：一个是拒绝定义；另一个是永远正确。那么我就正确一次，用我在从事新闻工作前就非常喜欢、现在更加喜欢的美国诗人勃莱的诗，来结束这篇已经有点啰唆的序。巧的是，勃莱也是明尼苏达人，一直住在明州西南部的一个草深林密的小镇，从我这里开车半天就能到达。我在写作的间隙，常常会读读他的诗，也在尝试翻译成中文。一直想着找机会去拜访，可惜被疫情耽搁。去年冬天，雪落下来的时候,美国疫情松动了,然而,从报上看到消息:勃莱在家中去世。

下面是他的一首诗,题目叫《晚间开车去镇上寄封信》:

> 这是个寒冷的雪夜,
> 大街上空无一人
> 唯一活动的是飞旋的雪
> 我打开邮筒的盖子,感到钢铁的冰凉
> 我在雪夜享受着自在
> 我要开车随便转转,
> 浪费更多的时间。

就此打住。希望各位有机会来明州做客,我们一起随便转转,浪费些时间。

2022年6月29日于明州圣云小镇

目　　录

第 1 章　此间再无萧萧竹：新闻的荒漠化 ……………… 1
　　新闻荒漠化 ………………………………………… 4
　　荒漠化的后果 ……………………………………… 8
　　原因和出路 ………………………………………… 13

第 2 章　从此萧郎是路人：新闻的弃儿 ………………… 20
　　谁在断舍离 ………………………………………… 23
　　破碎的负面 ………………………………………… 28
　　后果与责任 ………………………………………… 32

第 3 章　慢新闻：回归还是反叛 ………………………… 36
　　快媒介：一切都是"快""抖""闪" ……………… 38
　　快新闻：欲速则不达 ……………………………… 40
　　慢新闻的前世今生 ………………………………… 44
　　慢新闻存在的理由与条件 ………………………… 46

慢新闻：回归还是反叛 …………………………………… 49

第4章　新闻的情商：数码时代新闻的感性转向 …………… 51
灭人欲，存天理：理智与情感的对立 …………………… 54
多情总被无情恼：传统新闻的客观至上 ………………… 56
表里不一：新闻实践中的客观与情感 …………………… 58
亲密接触：社交媒体时代的感性转向 …………………… 60

第5章　事故与故事：新闻与文学的相生相克 ……………… 63
本是同根生 ………………………………………………… 66
性相近，习相远 …………………………………………… 69
"无"中生有与有中生"無" ……………………………… 72
相辅相成：理由与可能 …………………………………… 73

第6章　墙里秋千墙外道：新闻付费墙的是与非 …………… 80
"逼上梁山"的付费墙 …………………………………… 82
付费墙的是与非 …………………………………………… 84
会员制：飞跃付费墙 ……………………………………… 86

第7章　后浪的泡沫：数字原生新闻的希望与幻灭 ………… 90
后浪可畏：数字原生新闻的肇始与发展 ………………… 92
后浪的幻灭：原因与启示 ………………………………… 98

目 录

第 8 章 新闻业与社交平台：相向而行的必须与可能 …… 104
新闻平台化以及后果 …… 107
相向而行的困难与可能 …… 111

第 9 章 "创可贴"还是"灵芝草"：非营利新闻能拯救新闻业吗？ …… 116
市场与专业主义新闻格格不入 …… 119
非营利新闻的现状 …… 123
非营利新闻面临的问题 …… 125

第 10 章 从人文到技术：新闻的量化转身 …… 128
人文到科学的转身 …… 131
量化转身及其后果 …… 136

第 11 章 老谋何以深算？计算新闻的是与非 …… 141
道可道：计算新闻的名与实 …… 144
应运而生：计算新闻学的异军突起 …… 147
新闻的算法和算法的新闻：算法和新闻生产 …… 149
算法的清算：计算新闻的是与非 …… 150

第 12 章 巧夺人工？人工智能与新闻自动化 …… 154
人工智能：人类最后的发明？ …… 156

智能与自动：没有记者的新闻业？ …………………… 160
　　做得妙与做得好：智能与人性 …………………… 162

第 13 章　算法与新闻公共性 ………………………… 165
　　新闻的公共性 ……………………………………… 168
　　算法的似是而非 …………………………………… 171
　　新闻传统的扭曲 …………………………………… 173

第 14 章　"稻草人"与"看门狗"：作为体制的新闻业 ……………………………………………… 177
　　新闻的体制性塌陷 ………………………………… 180
　　"维新"与"改良"：体制还是非体制 …………… 182
　　"稻草人"与"看门狗" ………………………… 184
　　新闻缺席的后果 …………………………………… 186

第 15 章　在线、在场与在地：新闻的距离与公众信任 ………………………………………………… 189
　　失信的新闻与失落的真相 ………………………… 190
　　在线、在场与在地 ………………………………… 194
　　在地、共情与信任 ………………………………… 198

第 16 章　新闻的未来：媒介化社会的"公事公办" ……………………………………………… 204
　　预设与前提 ………………………………………… 207

历史的迷思与现实的危机…………………………… 211
  新闻的"公事公办"………………………………… 216

主要参考文献 ………………………………………… 220

后记　诗成客里倍缠绵………………………………… 226

第1章

此间再无萧萧竹：新闻的荒漠化

近年来，以《纽约时报》为代表的少数几家美国传统媒体的复苏给人们造成了一种错觉，以为传统新闻业已柳暗花明，重获新生。而实际上，美国新闻业特别是地方新闻的荒漠化正在加剧。是的，每年还在评普利策奖，也不乏非常专业的新闻报道，然而，当大片田园荒芜，招摇几朵人工培育出来的花朵又有什么意义呢？

西方社会出现的新闻荒漠化现象不仅仅是个政治问题、经济问题，更是个道德问题。信息权是基本人权，荒漠化的最大受害者恰恰是最需要信息的弱势群体，新闻荒漠化伤害不到那些看《华尔街日报》、挥舞高尔夫球杆的人。

在线 在场 在地
新闻的未来

    一直想写这个题目,但总有些忐忑,怕被人说又喊"狼来了",又唱衰新闻业。其实,新闻业要是还能唱衰倒好了,说明还不太衰;有人喊"狼来了"也还不太糟,悲催的是新闻荒漠化,狼,恐怕喊都不来了。

    用新闻荒漠来描述当今西方新闻的整体景况可谓形象而准确。但是,想来想去,却难于动笔,脑子里总冒出"春风不度玉门关""西出阳关无故人"之类的边塞诗,驱赶不散。想驱赶的原因是怕写起来太随性,不"学术"。但转念一想,可能想多了。理论也好,概念也罢,首先要落地,落地于自我的感性经验,才能真切地关照和理解外在的现实世界。不然,再好的理论也会荒漠化,所谓理论是灰色的,而生命之树常青。理性思考,感性表达,这是不是也可以算是"把自己作为方法"①的一种方法?

    由此,题目干脆感性了一下,套用了郑板桥的那首著名七言绝句:"衙斋卧听萧萧竹,疑是民间疾苦声。些小吾曹州县

---

① 项飙、吴琦:《把自己作为方法——与项飙谈话》,上海文艺出版社2020年版。

第 1 章
此间再无萧萧竹：新闻的荒漠化

吏，一枝一叶总关情。"自我感觉用这首诗来渲染一下当下新闻的荒漠化是形象而贴切的。

新闻的荒漠化首先是地方新闻的凋零。就美国来说，许多小城镇特别是偏远地区，失去唯一的当地信源——报纸，出现了信息空白。许多大城市，社区新闻和民生新闻也在急剧减少。即使在尚有一家半死不活报纸的所谓半荒漠区，本地新闻的数量和质量也惨不忍睹。从这个意义上讲，新闻在美国可以说出现了全面的荒漠化。这些地方的、社区的、服务于弱势群体的"百姓"媒体，同谷歌、脸书、推特等社交平台，同《纽约时报》《华尔街日报》等新闻大鳄比起来，不过是"些小吾曹州县吏"，是些"萧萧竹"，但一枝一叶，关乎民主与民生，干系重大。

这听起来好像又煽情了，不过心里并不愧疚：相比新闻荒漠化，那些公民新闻、建设性新闻之类，可以说才是真真正正的煽情。试问新闻荒漠，寸草不生，你能建设什么？无土栽培？

这个问题值得讨论不仅仅是地方小报甚至大报死亡这样简单。如果把新闻荒漠化放到政治、技术、权力的认知框架中来考察，就会认识到它的重要和紧迫。

重视新闻荒漠化还有另外一层考虑，那就是：近年来，以《纽约时报》为代表的少数几家美国传统媒体的复苏给人们造成了一种错觉，以为传统新闻业已柳暗花明，重获新生。而实际上，美国新闻业特别是地方新闻的荒漠化正在加剧。是的，每年还在评普利策奖，也不乏非常专业的新闻报道，然而，当大片田园荒芜，招摇几朵人工培育出来的花朵又有什么意义呢？

　　当然，新闻生态作为社会生态的一个重要部分，牵扯到政治、经济、社会的方方面面。这里仅就新闻学层面，讨论四个相关问题，包括美国新闻荒漠的现状、后果、原因以及出路。前三点多谈一些，出路的话只能蜻蜓点水，因为问题太大也太复杂，也不好讲。

新闻荒漠化

　　新闻荒漠（news desert）作为一个描述新闻生态的新概念，源于美国北卡罗莱纳大学的一项地方新闻研究报告。该研究团队就西方社会地方新闻和地方媒体命运追踪了上千家报纸、社区数字新闻网站、少数族裔媒体和公共广播电台，收集了15年的数据，迄今已发布了4份研究报告。[1] 所谓新闻荒漠，指的是小城镇和农村地区，也包括大城市中的社区，已经失去或者正在失去当地的新闻媒体，居民没有或者只有非常有限的渠道来获取可靠、全面的新闻信息，无法满足基本信息，特别是政治、教育、卫生健康等方面信息的需求，造成信息的真空。对于地方新闻信息的重要，国人一般都不太容易理解。打个不太恰当

---

[1] Penelop Albernathy, *2016 Report: The Rise of the News Media Baron and the Threat of the News Desert*, *2017 Report: Thwarting the Emergence of the News Deserts*, *2018 Report: The Expanding News Desert*, and *2020 Report: News Deserts and Ghost Newspapers: Will Local News Survive*, Hussman School of Journalism, University of North Carolina at Chapel Hill, https://www.usnewsdeserts.com/reports/.

第1章
此间再无萧萧竹：新闻的荒漠化

的比方，如果你是小区业主，你肯定希望物业透明、业主委员会民主；你肯定关心消防通道是否畅通、电梯是否定时检修等。当然，在西方体制下，民主涉及的层面更为复杂。

新闻荒漠不失为一个形象而准确的概念，既有感性的外壳，又有理性的内涵。社会科学研究中有不少概念和理论，得益于一个好名字，"名正言顺"，因而"行之远"，推动了研究的开展和继承，比如新闻学的"看门狗""把关人"，传播学的"议程设置""框架理论""沉默的螺旋"等。不过，这里有意在新闻荒漠后面加了个"化"字，是想把这个概念的内涵和外延扩展一下。因为新闻荒漠是个结果，而这个结果源于一个过程，而且是一个正在持续的过程。荒漠化也不仅仅限于地方新闻，而是整个新闻生态的荒漠化，不仅仅是新闻媒体数量的减少，有关民生新闻报道量的减少，还包括质量上的下降。从地理上讲，这个荒漠化不仅仅限于农村，城市的问题可能更为隐蔽也更为严重。这也不单单是美国或者西方的困境，而是个涉及很多地区、国家的全球问题。从更高的层次上讲，这也不仅仅是新闻的问题，更是科技、资本、政治的博弈，其影响也不仅仅限于新闻传播业。

如果说新闻是西方民主政治的要件，是第四权力，那么地方新闻就是这权力的基石。从历史上看，现代意义上的新闻报纸是从地方开始的，在美国尤为如此。一直到1982年《今日美国报》创刊，严格来说美国是没有全国性报纸的。《纽约时报》《华盛顿邮报》都是以城市命名，《华尔街日报》的华尔是一条街，没有《美利坚日报》，也没有以州名字命名的报纸。这个也很容易理解，美国是先殖民后建国，先有居民点、社区，后有州和国。当然，有些大报逐渐有了全国乃至国际影响，那是另外一回事。

以地方报纸为主的美国地方新闻机构遍布全国，一直到2004年，尚有将近9000份报纸，包括日报和周报。这是什么概念呢？美国3.2亿万人口，平均3万多人一家报纸。在美国，麦当劳大约有上万家，所以也可以这么说，你看到一家麦当劳，就等于看到一家报纸，物质和精神食粮蛮匹配。

然而，进入21世纪以来，美国纸媒的厄运开始。在短短不到20年的时间里，地方报纸停了大约1/4，新闻从业者砍了一半。人口密集的德州，有254个县，其中134个只有一家报纸，22个县一家都没有。

这种新闻荒漠不单单出现在农村，也出现在美国重要的大城市。纽约可以说是新闻的麦加了，有三大电视网、《纽约时报》、《华尔街日报》等带头大哥，全美12%的新闻人在纽约。然而，纽约不仅仅是曼哈顿，还有郊区和"城中村"，而许多街区根本没有新闻机构。这不仅仅是说纸媒，而是连网络新闻也没有。美国的丹佛市，人口280万出头，在美国算是大城市了，2009年尚有600多纸媒记者，而今只剩20个不到，比该市动物园里的灵长类动物还少。

那些没有死掉的报纸也是极度贫血，朝不保夕。目前，在美国除了纸媒的三朵金花——《纽约时报》、《华尔街日报》和

第 1 章
此间再无萧萧竹：新闻的荒漠化

《华盛顿邮报》，统统饥寒交迫。而这三朵金花中，《华尔街日报》原本就是个白富美，年薪没有七八位数你都不好意思去看一眼。一个大学教授，如果在办公室放一份《华尔街日报》，难保不碰到异样的目光。喝杯星巴克，读读《纽约客》，也就够"装"的了。《华盛顿邮报》也不能算是自食其力，日子好过很大程度上是因为傍上了亚马逊老板贝佐斯（Jeff Bezos）这样的"大款"。《纽约时报》勉强算是自我革新成功，但成功的因素复杂，许多都是非新闻的"盘外招"，比如最能赢利的栏目和 App 是拼字游戏和菜谱。

新闻荒漠化，除了新闻机构的破产，新闻从业人数的流失，同时也表现为报道版面的减少。这些新闻报道量的减少看似是人员缩减的必然反应——新闻是要人做的，人少了，报道量自然就会少，而实际并非如此。人少，报道数量减少没毛病，但问题在于，为什么体育和娱乐新闻不减反增，单单政经新闻减少？《纽约时报》近年来采编人员大幅增加，然而有关政治经济新闻的报道并未有显著增长。为什么？因为严肃新闻没有经济效益。说到底，赵公元帅才是真帅，财神爷才是真神。

新闻的荒漠化也不仅仅限于某个国家和地区，而是全球生态。在英国，过去的 15 年间，地方报纸消失了 245 家，58% 的地区没有地方新闻。在巴西，其官方发布的地方新闻业调查报告《新闻地图册》显示：巴西有近 3500 座城市，约占城市总数的 62.6%，已沦为新闻荒漠。此外，有 1074 座城市，约占总数的 19.2%，处于"近荒漠化"状态。至于很多原本就处在信息荒漠中的亚、非、拉贫穷和发展中国家,就更不用提了。

荒漠化不仅仅是数量的减少,更表现为质量的下降,低级错误"目不暇接"。写这篇文章时,笔者所在的美国小城的唯一一家日报,其网站上的新闻大标题赫然说昨天有32人因感染新冠病毒死亡。这个数字实在离谱。我所在的这个大学城人口不到10万,一天死32个?结果是新增感染人数32个。新闻报道出现笔误和失误也算正常,有错及时致歉纠正就是。然而,从笔者上午发现该错误,一直到晚上,居然他们自己都没有察觉,以至于被笔者数次"用心险恶"地截屏,用作第二天上课的反面教材。课上有学生问:"老师,这样的编辑是不是被开掉了?"回答:"开不了。"为什么?因为报纸的老板不在这里办公,他大概率不看自己的报纸,发现不了这个错误,发现也不在乎,因为他也知道没什么人看,在乎也不会开除当事的编辑,因为负责这块田地的已然是根独苗,且薪水低到不能再低。

除了事实硬伤以外,全球很多地区、国家民生新闻的深度和广度都在缩水,即使所谓的调查报道,多数也不过是注了水的社会新闻,是被动的"事后诸葛亮"报道,而不是传统意义上的主动"扒粪"。

荒漠化的后果

新闻荒漠化的后果有许多,其中不少像教科书一样明摆着。有一些则不那么直接,但造成的伤害却更为致命。

第 1 章
此间再无萧萧竹：新闻的荒漠化

意大利历史哲学家克罗齐有句名言：一切历史都是当代史。意思是说历史的阐释和意义往往受限，而契合于当代的思想和情感。沿着这个思路，也可以说一切历史都是当代的政治，而所有政治都是地方的。同理，作为上层建筑一部分的新闻从根本上讲是政治的，也是地方的。政治的博弈，国家层面也好，地方层面也罢，最终都会落脚到地方的现实，现实中的个体。税收、教育、交通、健康等政策法规，其制定需要公众的知情同意，其执行也需要公众的监督。及时、可靠的在地信息就显得异常重要，特别是在危难之际。这次的新冠疫情可以说是一个鲜活的例子。老百姓最需要了解的是自己所在城市和社区的疫情到了哪种程度，医院是否还能正常看病，哪里可以买到口罩，哪里可以做核酸，打疫苗去哪里等。西方社会没有居委会，没有网格员，这些任务在过去是靠当地的新闻机构来完成的。如今缺少了地方媒体这一渠道，有关疫情的数据则只有通过官僚机构来获取。别的不说，这些官僚机构，包括政府的疾控中心，都是早九晚五，休周末节假日，而疫情如火，瞬息万变。社交媒体当然快，问题是：社交媒体上的信息即使再快再多，你敢用于决策吗？不准确不可靠的信息不但无用而且有害。

缺少了地方新闻，公众的知情权得不到保障，公权力也得不到及时有效的监督。没有监督的权力必然导致黑箱操作、利益交换和腐败，这是基本常识。芝加哥大学和圣母大学研究人员共同完成的一份调研报告发现：随着当地报纸的关张，美国地方政府的运行成本显著增加，县一级的行政开支平均上升了140万美元。①

美国地方媒体的监督作用，不但表现在对当地政府的监督，而且会渗透到联邦层面。比如说，美国国会议员是按照选区配额选出的，是本选区派到联邦政府的代表。从理论上讲，国会议员可以不买总统的账，但必须为其选区的选民负责。然而，该如何防止"将在外君命有所不受"？如何保证这些议员不进行政治交易，出卖选民利益呢？最重要、最有效的监督便是地方新闻媒体。在前互联网时代，美国国会议员背后都至少有一名家乡的记者跟着。议员白天在会上说了什么，投了什么票，下班后又去了哪里，见了什么人，总有眼睛盯着。而现在，不要说在新闻的荒漠，即使在绿洲，也没有专职记者跟踪报道，全靠这些人民公仆的道德自律。

地方新闻的有无，还直接影响美国民众的政治参与度，比如与投票率呈正相关。②

以上我们谈及的都是教科书式的典型后果。一个容易被忽略但却异常重要的问题，便是新闻荒漠化同信息茧房、社会分裂的因果关系。缺乏地方新闻渠道、只从社交媒体获取信息的

---

① Peijie Gao, Chang Lee and Dermot Murphy, "Financing Dies in Darkness? The Impact of Newspaper Closures on Public Finance", *Journal of Financial Economics*, Vol. 135, No. 2, 2020, pp. 445–467.

② Megan Rubado and Jay Jennings, "Political Consequences of the Endangered Local Watchdog: Newspaper Decline and Mayoral Elections in the United States", *Urban Affair Review*, April 3, 2019.

第 1 章
此间再无萧萧竹：新闻的荒漠化

人更为偏执，更容易陷入回音壁，束缚于信息茧房。各种阴谋论之所以有市场，同新闻荒漠化也有直接的关系。荒漠不长信息的庄稼，却容易滋生谣言的毒草。比如，在美国西北的爱达荷州，有一个骇人听闻的谣言传播得很广，搞得人心惶惶，群情激愤，说来自叙利亚的难民强奸了当地妇女，而实际上，该州根本就没有一个叙利亚难民。[①]

信息茧房和阴谋论盛行的所谓"后真相"的出现，除了政治、社会、文化等复杂原因以外，一个重要原因是美国新闻公信力的崩溃。摆事实讲道理，苦口婆心，把心窝子都掏出来了，人家就是不信你。根据盖洛普咨询公司（Gallup）的调查，2016 年美国公众对于媒体的信任度只有 32%，到 2020 年有所回升，却也只有 40%。

为什么美国主流媒体的信任度低到了尘埃里？有多种解释，其中一种说法是民粹对建制的反叛，因为不单对媒体，对政府机构的信任度也在下降，又有一种说法是新闻媒体的自由化倾向太严重、太左。但是，这些可以解释对某些政治、社会问题特别是有争议问题的不信任，却很难解释对许多并不涉及价值判断的基本事实的无视和否认，比如说有多少人参加了特朗普的就职典礼，有多少人感染了新冠病毒等。

美国新闻媒体的公信力下降同两个彼此相关的因素有关。

---

① Reuters, "Idaho Prosecutor Denies Syrian Refugees Gang-raped Girl", June 22, 2016, https://www.reuters.com/article/us-idaho-refugees/idaho-prosecutor-denies-syrian-refugees-gang-raped-girl-idUSKCN0Z9095.

11

在线 在场 在地
新闻的未来

其一是主流媒体日益的精英化。各大报纸和各大电视台都在用各种专家来指点江山，实际上，这些所谓的专家、学者往往高谈阔论，而对于一些具体问题特别是普通百姓的生活根本不了解也不关心。现在的记者大多数也缺乏农村和城市社区的草根经验，从感情上和知识上是隔膜的，不像老一辈记者是从基层一级一级地摸爬滚打出来的。然而，主流媒体的精英化是个问题，但还不是根本症结所在。因为大的新闻机构的精英化倾向不是今天才出现，为什么过去没有造成脱节呢？答案很简单，因为过去有地方媒体。地方媒体这个二传手可以把国际和国家新闻落地，从而为当地群众消化吸收。失去了地方新闻这个纽带和二传，主流媒体接不上地气，即便是真理，在许多情况下也成了谬误，非但没有统一认识，相反会加重当地民众对新闻媒体的反感和不信任。顺手举个例子：全国经济数据说就业率上升，犯罪率下降，形势一片大好，然而具体到一个小城、一个社区，情况也许正好相反；所谓的客观、具体的大数据，实际上是抽象的，而且往往掩盖了事实和真相。我的窗外正黑云压顶，你非报道说阳光灿烂，我当然会骂你胡说八道，对你更加不信任。而假如这个时候，有当地的记者把手伸出窗外，说上一句：全国晴好，本村冰雹，又该是什么样的情形？另外来说，当地的记者是自己人。村头村尾，同一家商店购物，同一条河里饮水，孩子又在同一个学校上学，说不定还是同学或者亲戚，这当然比屏幕上的明星脸可靠可信。不信任陌生人是正常的心理反应，陌生人也更容易被妖魔化。

第 1 章
此间再无萧萧竹：新闻的荒漠化

新闻荒漠还同美国的社会分裂相关。仔细分析一下盖洛普的调查数据就会发现：新闻的公信力呈现出鲜明的派别特色。比如在 2020 年的调查数据中，民主党和自由派一方对媒体的信任度高达 70%，而共和党和保守派一方对媒体的信任度居然低到了 10%。需要说明的是：这个调查是在大选之前，如果在后，数字也许会更难看。为什么如此鲜明的蓝（左）红（右）分裂？如果你去看一下美国的蓝红人口分布图，再对照一下新闻荒漠分布图，就会恍然大悟：红色的地区同新闻的荒漠高度重合。

地方新闻的荒漠化还有一个后果鲜有提及，那就是影响新闻事业，特别是专业主义新闻事业的传宗接代。传统的新闻生态中，美国新闻人的职业生涯基本是从地方小报开始做起，然后到州、市一级，再转到美联社派驻地方的记者，然后才可以到全国性新闻机构。地方新闻机构可以说是新闻记者的摇篮，新闻的荒漠化切断了这条道路。当然，互联网出现以后，由于急需一批技术新闻人，确实有一些新闻院系毕业生一步登天，直接入职全国性新闻机构。然而，全国性新闻机构的职位毕竟有限，不可能消化太多，另外正如前面刚提过的，这些没有基层工作经验的记者，如何能了解和报道好民生问题？

原因和出路

前面先谈了新闻荒漠化的现状和后果，现在再谈谈原因和

在线 在场 在地
新闻的未来

可能的出路。之所以把原因和出路连在一起谈，是因为这两个问题其实是硬币的两面。厘清了原因，讲清了症结，就比较容易看清死路和活路。

先说地方荒漠化的原因。总的来讲，地方新闻媒体同所有的传统媒体一样都是因为媒体生态的改变，导致上百年的卖读者给广告商的商业模式失灵。网上广告市场，脸书和谷歌占了60%，亚马逊占了15%，剩下的25%才轮到传统媒体，包括报纸、电台和电视台，僧多粥少，小沙弥自然抢不过大和尚，几乎没有地方报纸的生存空间。有关商业模式已经有很多的研究，不再饶舌。这里想从地方新闻媒体的特殊困境，探讨一下为什么大的新闻媒体可以逐渐完成转型，而地方新闻却只有毁灭的命运。

首先，同样是互联网，特别是社交媒体平台的挤压，地方媒体受到的冲击更大，而它的抗打击能力更弱。如果说大报是万吨巨轮，地方报纸只能算是汪洋中的一条小木舟，况且年久失修。同样是靠广告生存，地方报纸同全国报纸不同，地方报纸很少有品牌广告，主要依靠的是地方分类广告，包括征婚广告；而互联网出现以后，房地产、车行、商店等都投向更为精确和便宜的社交媒体平台，谁还会去为报纸烧钱？以前征婚，加州的孤男寡女不太可能到《纽约时报》去征婚，而现在有了社交媒体平台，可以同城、同小区征婚，还可以用陌陌、探探、附近的人。分类广告市场的失去无异于釜底抽薪。纸媒上网想去抢一块蛋糕，却被平台控制，网民往往不是通过网站而是通过平台来获取新闻的，多数报纸非但没有争取到付费或者不付

第 1 章
此间再无萧萧竹：新闻的荒漠化

费的眼球，还失去了原有的订户。英国的一项研究显示，英国著名报纸《独立报》完全上网以后，它的阅读量下降了81%。[①]

这就引出了我们要着重讨论的第二个问题：被平台釜底抽薪以后，地方报纸又该如何将息和救赎。这个同大报又有不同，大报可以通过增收节支，典当家产来维持，而地方媒体无法效仿，因为这无异于让一个骨瘦如柴的贫血者减肥，因此地方新闻媒体的选择十分有限。第一条路比较痛快，一死了之，许多有百年历史的报纸自我了断，关张大吉。第二条路无非插上草标，或者卖给报业集团，或者注入风投资金。然而，人们往往只看到了资本，却忽略了资本后面的黑手。资本在取得所有权和支配权以后不但不输血，相反开始吸血。短期利润最大化，好看的业绩报表，才是根本的利益所在。手段简单粗暴，首先推行集团化管理，而集团化管理的实质就是去地方性。决策权和编辑权集中于同报纸所在地毫无瓜葛的一群人手中，大量采用通稿来充斥版面，旗下的地方报纸不过是一块模板贴上不同的地方牌子而已。保证利润率的最有效的办法就是裁人，特别是工资成本高的资深记者和编辑，包括总编辑。如此增收节支，往往导致恶性循环：出版商减少版面和减少员工，造成产品品质下降，价值降低，那消费者自然就抱怨、退订。然而，资本

[①] Neil Thurman and Richard Fletcher, "Are Newspapers Heading toward Post-print Obscurity? A Case Study of the Independent's Transition to Online Only", *Digital Journalism*, September 24, 2018, open access: https://www.city.ac.uk/__data/assets/pdf_file/0007/436273/Are-Newspapers-Heading-Towards-Post-Print-Obscurity-A-Case-Study-of-The-Independents-Transition-to-Online-only.PDF.

在线 在场 在地
新闻的未来

在乎的是短期效应，要趁着老牛还在喘气拼命挤奶，直到最后一滴，然后剥皮卖肉。编辑出版报纸的实际上已经不是新闻人，而是血汗工厂的老板、工头和打工仔。这样的人根本就同地方没有任何的瓜葛，又如何能取得当地百姓的信任。面对如此不堪的局面，许多老报人痛心疾首，也只能眼睁睁看着为之付出青春和理想的报纸，不但失血，而且失去了灵魂，错误百出，成为笑柄，真可谓是一辱再辱。就这些报纸来说，活着的，恨自己苟活；死掉的，估计会后悔自己没有早死。

以上可以看出：地方新闻的荒漠化的原因首先是社交平台的釜底抽薪，而后是资本的挤奶吸血。那么，这荒漠化有逆转的可能吗？出路在哪里？

先来谈谈所谓的替代法。具体来说就是：地方报纸死了，不是还有不少地方电视台吗？不是还有万能的网络吗？

报纸没了何不靠电视的说法有点何不食肉糜的幼稚和矫情。养不起报纸的地方就更养不起电视台了。美国广播电视业高度垄断，所谓地方台只是全国电视网的附属，而不是地方所有，主要功能是转播电视网的节目，也就是所谓的插转台。除了转播节目以外，每天有30分钟的地方新闻节目。然而，据美国南加州大学教授卡普兰（Marty Kaplan）领导的一项研究[①]，位于

[①] Martin Kaplanand Matthew Hale, *Local TV News in The Los Angeles Media Market: Are Stations Serving the Public Interest?* Normal Lear Center, University of Southern California Annenberg School of Journalism, March 11, 2010, open access: http://www.learcenter.org/pdf/LANews2010.pdf.

第 1 章
此间再无萧萧竹：新闻的荒漠化

洛杉矶附近的一家电视台，半个小时的新闻节目中，有关政经和民生的严肃新闻，平均下来只有难以置信的 22 秒；相比之下，有关猫的报道则有 3 分钟。"撸猫"省力又省钱，收视率还高。再说了，电视台的受众也在逃，整个新闻生态都荒漠化了，地主家也不会有余粮。

也有人说，随着传统大报的回春，新闻荒漠也许也可以借着东风复苏。这基本上是误判，甚至正如《纽约时报》媒体评论员史密斯（Ben Smith）所说：《纽约时报》的成功非但不是个好消息，而且可能敲了新闻业的丧钟。是的，《纽约时报》似乎柳暗花明，这几年，光采编人员就新招了 400 多人，目前拥有 1700 人的庞大的新闻采编队伍，已经连续两年赢利。然而，应该注意到的是：《纽约时报》正日益平台化，也在干社交平台干的事，通过技术来吸引用户、控制市场，从某种意义上讲，也等于在吸地方和区域媒体的血。财大气粗以后，不是去扶持落难的兄弟，而是"趁火打劫"，把那些地方报纸的精英笼络在自己的麾下。同时也把许多从纸媒跑去创业的新闻精英再度招安，实际上等于断了数字新闻创新的任何可能，宣布了数字原生代的灭亡。让地方新闻跟着同族同宗的大哥"混口饭吃"，听起来不错，而实际上，《纽约时报》不是你的慈善大哥，它也是资本，伸出的手也很黑。

另外一个希望便是互联网和社交媒体。然而，事实已经证明，所谓的公民新闻，所谓人人都可以做记者，是个天大的迷思。互联网民主和赋权的乌托邦，最大成就是制造了无数硕士论文、博士论文和一批网红教授。不过，需要承认的是：社交平台近年来确实拿出相当可观的物力、财力、人力来做地方新闻，比如谷歌、脸书依据大数据开展地方新闻信息的整合和推送，等等。然而，社交平台这样做大致出于两个考虑：首先是商业，比如大数据的收集、广告、谷歌地图、导航等；另外是慑于政府和社会反垄断的压力。当然，诛心不可取，更应该"不看广告看疗效"。那么，实际效果如何呢？美国经济自由项目组（American Economic Liberty Project）2020 年发表一份研究报告①，结论说谷歌和脸书没有能力也没有能够将这些新闻荒漠变为绿洲，相反使这些新闻真空地带成了虚假信息的温床。谷歌给你看的，是你愿意看且它想让你看的；你搜索出的结果其实经过了数道过滤。

从以上的讨论不难看出，风险资本接管的结果只能是更加荒漠化，靠大报拉帮带基本是一厢情愿，更不用提社交平台。社交平台是新闻荒漠化的始作俑者，你能指望冲进瓷器店的大象来帮你修复瓷器重新开张吗？

左顾右盼，前途迷茫，只有回到根本点：新闻作为公共服务、公共产品，必须由公共支持，关乎百姓切身利益的地方新闻，更需公共解决。这个道理其实再简单不过，简单到我们都

---

① Pat Garotalo, *Close to Home: How the Power of Facebook and Google Affects Local Communities*, American Economic Liberty Project, August 2020, open access: http://www.economicliberties.us/wp-content/uploads/2020/08/Working-Paper-Series-on-Corporate-Power_ 6. pdf.

第1章
此间再无萧萧竹：新闻的荒漠化

"熟视无睹"。我们可以支持图书馆、音乐厅，可以保护非物质文化遗产，为什么对于干系重大的新闻却要扔给资本和市场？另外需要补充的是：西方社会出现的新闻荒漠化现象不仅仅是个政治问题、经济问题，更是个道德问题。信息权是基本人权，荒漠化的最大受害者恰恰是最需要信息的弱势群体，新闻荒漠化伤害不到那些看《华尔街日报》、挥舞高尔夫球杆的人。

第 2 章

从此萧郎是路人：新闻的弃儿

新闻（journalism）是一个社会的疫苗，虽然有各种副作用，然而它维护的却是整个社会的健康。正如群体免疫才能抵抗瘟疫一样，新闻不能放弃任何一个民众。1999年《南方周末》新年献词说"让无力者有力，让悲观者前行"，这不仅仅是煽情的口号，而应该是新闻的根本目的所在。恶行的惩处，正义的伸张，才是最大的正能量。当然，如果新闻业铁了心要躲在付费墙里数钱，那自当别论，那就不要再提什么公共服务。大家一别两宽，各生欢喜吧。

第 2 章
从此萧郎是路人：新闻的弃儿

新闻的弃儿，想谈谈一个有关新闻受众、日趋急迫却没有受到学界和业界充分关注的问题。受众（audience）这里仅仅限于它的传统含义，不明指或暗代别的引申，诸如"受众"这个词过时且消极，已经不能正确描述社交媒体时代的新闻消费者云云。

如今的受众已经被戴上了许多时髦的帽子，例如不说消费者（consumer），要说"产消者"（prosumer = producer + consumer），意思是消费者不但消费，同时也进入了生产过程；不说用户（user），要说"产用者"（produser = producer + user），使用者同时也是制造者。这多少有点自我"凡尔赛"。当然，话语可以是一种有立场的建构，照左派学术话语，世界无非文本，重要的是人对文本的建构和诠释。解构主义大师德里达（Derrida）说文本之外无他物，语言的背后依然是语言，语言即身份，身份即权利。[①] 这样说来，那用"受"众、消费者、用户倒更

---

① Jacques Derrida, *Of Grammatology*, Fortieth Anniversary Edition, trans. by Gayatri Chakravorty Spivak, Baltimore, MD: John Hopkins University Press, 2016.

贴切，因为现在所谓受众的个性化、主动性不过是用隐私换来的算法主导的"选择"，真谈不上什么赋权和赋能。Prosumer、Produser 这样的词，在思想和学术上其实名左实"右"。

因此，我们不妨传统一些，在自由民主的语境中使用受众这个词。所谓受众，除了是新闻的消费者，更重要的是新闻无论从道义上还是商业上都必须服务的公众。新闻的消费过程积极还是消极、主动还是被动其实没那么重要，重要的是获得及时真实可靠的信息，进而在民主社会中发挥公民应尽的义务。

不过，新闻弃儿，较真儿一点讲，已经不是"受众"。所谓"弃儿"，这里指两类不同的群体：一类是被新闻放弃的，一类是放弃新闻的，前者是被动的无奈，后者是主动的选择。这后一类也分两种：一种是自觉的选择，所谓新闻的规避者（news avoiders）和抵制者（news resisters）；另外一种不那么自觉主动，而是由于有了更多的消费可能，随波逐流去上了抖音或者追了浪姐。虽然新闻弃儿的情况有所不同，然而其性质和导致的后果并无二致，都是非新闻化，英文叫 Unnews。[①] 中文还没找到一个合适的翻译。叫"非闻者"或"脱闻者"？似乎有些别扭。先不纠结，就说 Unnews 是新闻与公众的脱钩吧。

无论在传统时代还是数字智能时代，新闻同自己的目标对

[①] Josh Benson, "From the Unbanked to the Unnewsed: Just Doing Good Journalism Won't be Enough to Bring Back Reader Trust", *Newman Report*, March 29, 2017, https://www.niemanlab.org/2017/03/from-the-unbanked-to-the-unnewsed-just-doing-good-journalism-wont-be-enough-to-bring-back-reader-trust/.

第 2 章
从此萧郎是路人：新闻的弃儿

象脱节都是致命的。何况在社交网络社会的数字化生存中，连一个网络小博主都知道要吸粉儿涨粉儿（engagement）。新闻弃儿的问题如果不引起足够的重视，最终必然是新闻受众的彻底流失，专业新闻成为一种仅供精英和权力阶层享有的奢侈品。只要稍微脑补一下新闻在政治和社会生活中的重要作用，就不难明白这不仅仅关乎个体身心——比如新闻弃儿在信息时代的生存，而且关系到整个社会的健康。

这里我们简单讨论一下新闻弃儿所涉及的几个主要问题，包括产生的原因以及救赎的可能思路和途径。对于新闻的弃儿，讨论的重点放在那些主动、自觉抛弃和抵制新闻的人。从这一点来说，题目叫"新闻的弃者"似乎更对得上些。然而，如果深究，新闻的弃者也好，弃儿也罢，归根结底，都是新闻业失范造成的遗弃。成为路人的"萧郎"，原也是因为"你若无心我便休"，所以题目还是用比较顺口的新闻的弃儿吧。

谁在断舍离

受众流失乃老生常谈。互联网出现以后，传统新闻业失去了垄断地位，相对于过去，受众有了更多选择，因此，有关受众流失的讨论基调——上升到理论就成了所谓的范式——通常是：新闻生态改变导致传统新闻生产模式和商业模式落伍，是个大环境大气候问题。然而，新闻的弃儿虽然也是新闻受众流失，却有着根本的不同。

在线 在场 在地
新闻的未来

首先，第一类的弃儿，是新闻荒漠化的直接后果，在某种程度上是被新闻业遗弃的。简单举一个例子：美国许多报纸主动劝退了远郊、农村的订户，因为发行成本太高，同时也放弃了对这些地区的报道。而后一大类可以说是受众的主动放弃，其中一大部分属于不爱新闻爱"绯闻"，被更令人愉悦的信息吸引。而另外一部分则是在自觉地逃避或者抗拒新闻，理由是新闻有害，不但满足不了信息需求，相反，过度的负面、负能量影响身心健康，天下苦秦久矣，于是造反，以至于成为一种有意识的草根行动。甚至还有不少学者为之提供理论和数据支撑，比如美国媒介心理学者杰克逊（Jodie Jackson）的《你读什么你就是什么：为什么改变媒体食谱可以改变世界》[1] 和瑞士作家杜拜礼（Rolf Dobelli）的《别看新闻：更幸福、更平静、更睿智生活宣言》[2]。看作者背景，杰克逊有保守主义倾向，对自由派的新闻界不太友好可以想见，但是，讨论问题不应该以背景废观点，而更应该看其观点有没有道理。至于瑞士这位小说家杜拜礼，可能会有人质疑他算不上学者，但人家也是正经八百的经济哲学博士。他先前的一本《清晰思考的艺术》[3] 据称已被翻译成四十多种语言，销售超过百万册。也许有人说这更说明他不是严肃学者，是机场畅销书作家。好吧，让鄙视链

---

[1] Jodie Jackson, *You Are What You Read: Why Changing Your Media Diet Can Change the World*, London: Unbound, 2019.

[2] Rolf Dobeli, *Stop Reading the News: A Manifesto for a Happier, Calmer and Wiser Life*, London: Sceptre, 2021.

[3] Rolf Dobeli, *The Art of Think Clearly*, New York: Harper Paperbacks, 2014.

第2章
从此萧郎是路人：新闻的弃儿

发扬光大。然而，即使如此，躲避和抗拒新闻这个话题都引起了畅销书写家的注意难道不更说明问题的普遍性和严重性吗？

展开讨论之前，我们先对新闻的弃儿做个大致的界定。新闻的弃儿从字面上不难理解，无非是说被新闻放弃和放弃新闻的人。然而，如果去研究，去理论，去说事，就得有证据，有证据就不免要数据，要数据就得去测量，测量就得较真儿，较真儿就必须定义，而且要有操作性定义。你说新闻弃儿，怎么就算弃了？是三天不看电视还是三周不看手机？正如在冯小刚电影《天下无贼》中，刘若英扮演的女主角教傅彪扮演的大款学英文，教一句："You should be sorry to me."大款舌头缠绕半天，磕巴地问："怎—怎—怎—么就 to me 了？！！！"

丹麦学者斯科加尔德（Morten Skovsgaard）和瑞典学者安德森（Kim Andersen）在一篇研究论文①中赋予新闻规避（news avoidance）如下定义：在一段持续的时间内，出于厌烦或者选取其他内容而导致的新闻低消费。我们把这个定义扩展和限定一下。扩展是想要包含那些被动放弃的，限定是要限定一下新闻的外延，收窄成对主流媒体严肃新闻的消费。笼统说新闻范围太大了，娱乐新闻也是新闻，朋友圈消息也是新闻。当然这涉及如何定义的问题。鉴于讨论新闻弃儿的立足点是所谓自由主义（libertarianism）和新闻专业主义（professionalism），在比

---

① Martin Skovsgaard and Kim Andersen, "Conceptualizing News Avoidance: Towards a Shared Understanding of Different Causes and Potential Solutions", *Journalism Studies*, Vol. 21, No. 4, 2020.

在线 在场 在地
新闻的未来

较了几种宽松和严苛的定义后，还是觉得这里应该把新闻限定为由职业新闻提供的有关公共利益的信息。由此可以说：新闻的弃儿指在相当长的持续时间内，被动或者主动放弃了对主流媒体的严肃新闻消费的人。这里用放弃而不是低消费，也是考虑到操作上的方便。

当然，在具体的操作定义上，依然还有难点，比如说持续的时间多长才算"弃"，就需要通过概念的辨析和增加操作性定义的效度和信度来确定。前面提到的那篇北欧学者的论文，在文献综述中总结了几种方法，简单说有两种，一种最省事，就是直接给出选项，问你是新闻的寻求者（news seeker）还是新闻的规避者（news avoider）。另一种是绕个弯儿，不直接让你选帽子戴，而是问你新闻的消费情况，然后通过统计手段，找出一个中间值，然后把那些低于平均值一个标准差的，算作新闻规避者。

那么，何许人在断舍离呢？

新闻的弃儿首先是由于新闻荒漠化而被新闻所遗忘，掉入数字鸿沟的那些人。从绝对人口数量来讲，全球范围是巨大的。多数是"老少边穷"，即老年人、少数族裔、边远地区和即使在城市也大量存在的贫民。后一类的新闻规避者和抗拒者有多大规模呢？牛津大学路透新闻研究所发布的全球新闻消费报告[①]显示，

[①] Reuters Institute of Journalism, Oxford University, *Digital News Report 2019*, 2020, https：//reutersinstitute. politics. ox. ac. uk/our-research/digital-news-report-2019.

第 2 章
从此萧郎是路人：新闻的弃儿

2019 年全球平均是人口的 32%，2020 年为 20%。2020 年有新冠疫情的特殊情况，因而 2019 年的数字应该比较可靠。而在美国，新闻规避者达到 41%。当然，牛津报告中规避者定义得比较宽泛，指新闻消费低于平均数一个标准差的人，并不是完全抛弃新闻，所以，完全断舍离的人数可能要少一些，然而，牛津对新闻的定义也比较宽泛，如果限定为主流媒体的严肃新闻，那这个百分比估计又会膨胀一些，所以说大致在 1/3 应该差不多。

在新闻的规避者中，人口特征是两低一高：年龄低，教育程度底，失业率高。放弃者中女性多于男性。

应该特别注意的是，在新闻的弃儿中，特别是新闻抵制者中，有相当大的一部分是所谓的"蓝白美"——蓝领白种美国人，即美国制造业和服务业的工人阶层。美国劳工中，将近 8000 万人的小时薪酬不到 15 美元。也许国人对此没有概念，这样比较一下或许更清楚些：美国大学里勤工俭学的研究生助教每小时都要差不多 50 美元外加学费减免。这些"蓝白美"曾经是美国新闻受众的主流，也是美国共和党和民主党选票争夺的基本面。进入 21 世纪以来，"蓝白美"阶层在科技革命和全球化中非但没有受益，相反，其收入和社会地位急剧下降。而这个劳动阶层长期被两党忽略，只有在选举需要选票时才被想起。共和党原本就代表保守有产阶级，而民主党也在逐步靠近技术和新兴资产阶层。同理，美国主流新闻界也从 20 世纪六七十年代开始，放弃了对这部分人的关注。《纽约时报》曾有五位记者跑劳工新闻，而现在只有一个，小一些的报纸更是一个都没有。而这部分人构成了2016年特朗普崛起的基本票仓，即使2020年的选举，特朗普的选票也有近7500万，只比拜登少700万而已。特朗普2016年的意外获胜，跌破无数眼镜，引起学界对这部分劳工阶层的重视，先后有不少社会学家和政治学家开展田野研究，发表论文和专著。例如加州大学伯克利分校的赫迟谢尔德教授（Arlie R. Hochschild）的《家园上的陌生人：美国右派的愤怒与悲哀》①，说这是一群"被遗忘、背叛、侮辱、愤怒的人"。北艾奥瓦大学传播系教授马丁（Christopher Martin）在2019年出版的《再无新闻价值：主流媒体如何抛弃了工人阶级》②一书中，对美国主流新闻对工人阶层的忽视和背弃的原因、过程和后果做了全面而深入的分析。这个劳工阶层，同新闻荒漠高度重合，也同新闻弃儿高度重合。这也就不难理解为什么特朗普说美国主流媒体是人民的公敌，会有那么多的认同和响应。

破碎的负面

造成新闻弃儿的原因很多。被遗弃的第一类，为新闻荒漠化的直接后果，不消多说。而主动放弃新闻的逃避，从现有的

---

① Arlie R. Hockschild, *Strangers in Their Own Land: Anger and Mourning on the American Right*, New York: New Press, 2018.
② Christopher Martin, *No Longer Newsworthy: How the Mainstream Media Abandoned the Working Class*, Ithaca, NY: ILR Press, 2019.

第 2 章
从此萧郎是路人：新闻的弃儿

研究调查结果来看不外乎下列几种原因。

排在首位的是新闻过多过滥。信息超载，人被湮没在资讯的深潭，呼吸急促，脑仁膨胀。传统媒体时代，普通受众早报纸晚电视，真正用于严肃新闻的时间最多一个小时左右，而现在，新闻每时每刻都在刷屏，以算法为核心的人工智能 24 小时都在算计你，算计着你的胃口和口味，让人上瘾，欲罢不能。

其次是新闻无用，新闻肤浅、碎片化，一地鸡毛，基本是无关无用信息。所谓的个性化，尼葛洛庞帝在《数字化生存》[①]中所憧憬的 Daily Me，实际上 daily 的都是别人家的事，是冲浪的姐姐或是吐槽的大叔。如果是真的 Daily Me，也许应该是我的家人在干什么，老人的身体如何，孩子们怎样？老婆或者老公的心情好吗？我的宠物狗是不是需要体检？我朋友圈的人除了发朋友圈凡尔赛，还在干什么？

最后是对新闻媒体缺乏信任。最近几次的调查结果显示，公众对主流媒体的信任度只有可怜的 30% 左右。新闻的生命是真实，而缺乏公众信任的真实不说没有价值，起码价值会大打折扣。缺乏信任就更容易转向阴谋论，成为虚假新闻的温床。虚假新闻成本更低，而且更合口味，可谓假做真时真也假，真做假时假也真，真应了美国著名作家马克·吐温吐的一句槽：不读报纸，一无所知；读了报纸，一无所是。严重的问题还在于，普通受众对于新闻的来源并不关心，即使上了当，多半也

---

① Nickolas Negroponte, *Being Digital*, New York: Alfred A. Knopf, Inc., 1995.

会随口归罪于主流媒体。

还有一个原因是新闻过度负面。只有阴影，没有阳光，让人抑郁。这也许还真是个问题。据美国心理学会的一项研究，约有半数的美国成年人由于新闻导致焦虑。大家都知道，健康的最大朋友是睡眠，而最大的敌人是焦虑，焦虑使人免疫力下降，更易染病，更易早逝。

以上原因，大都可以理解，也不难同情。但是，最后一条有些触动神经。难道新闻的本质不是坏消息吗？俗话说，阳光灿烂不是新闻，暴风骤雨才是新闻，这难道有错？公众的看门狗，难道是用来报平安无事的？难道应该以正面报道为主？这究竟应该如何理解？

应该承认，新闻存在所谓的负面偏差（negativity bias），所谓报忧不报喜。负面甚至可以说是新闻的传统"美德"。据说有一次，美国总统约翰逊对于新闻媒体的负面报道忍无可忍，挥舞着最新一期《时代周刊》对该刊老板亨利·鲁斯（Henry Luce）喊："本周有20万少数族裔得以注册投票，30万老年人有了政府医疗保险，这里没有只言片语！"鲁斯回答："抱歉，总统先生，好消息不是新闻，坏消息才是。"

从根本上说，负面新闻和正面新闻这些说法本身就不太严谨，容易成为随意的标签，被简单化和庸俗化。比如，2014年，俄罗斯有一家新闻网站，叫"城市报道"（City Reporter），为了纠正负面偏差，决定在一天时间内，报喜不报忧，整个网站充斥着风景这边独好的标题："雪后道路畅通""地下通道节前按时完工"等，结果，阅读量骤减2/3。

新闻的负面偏差有其合理性和正当性。新闻的负面偏差不仅有理论根据和逻辑，而且有生物学和进化论的理由，监控生存环境的威胁和危险乃生存本能和必需。

当然，负面的偏差除了自然的理由，在一定程度上还有人为的故意。比如说，新闻界对负面新闻有一个自我激励机制，负面报道等于有质量报道的同义语，各类新闻奖的获得者几乎百分之百都是负面新闻。当然，不是说这些优秀的新闻报道不该奖励，然而，道理就怕反过来讲：严重的问题不在于你鼓励什么，而是你不鼓励什么。

实际上，问题不在于负面的偏差，而在于如何报道负面；不是负面报道多与少，而是好与坏。负面的报道绝不是为了负面而负面，负面的报道的目的是激发社会良知，产生同理心，进而形成舆论，形成政治压力，从而实现正面效果。应该注意的是，解决负面偏差并非等同建设性新闻（constructive journalism）、解决新闻（solution journalism），无论是解决还是建设，前提都是负面新闻，没有问题或者有问题没有揭露，哪里还谈得上什么解决。

受众所抱怨的负面不是负面本身，而是负面报道的琐碎而肤浅。如今大数据可视化，可以报道得非常具体、非常漂亮，然而，数据中的人呢？政府在做什么？我应该做什么？负面新闻碎片，犹如乐高拼图，大家只是在重复添加各种碎片，却无人去把这些碎片拼成一个有意义的图。

在线　在场　在地
　　新闻的未来

比如说，2007年夏天，美国明尼苏达州，密西西比河上的35号高速公路大桥垮塌，高速行驶的车流栽入河中，死伤150多人。几十家新闻媒体自然全力开动，全天候现场直播，死难的悲哀，幸存的侥幸，救人的英雄，悲壮感人。然而，在突发新闻报道以后，特别是各种误传和谣言充斥社交媒体之时，更为重要的新闻，恐怕是事故的原因以及即刻的危险。是否还有这样的危桥存在？在哪里？我开车通过的这座桥的安全状况如何？最近美国各个城市都有歧视亚裔的恶性事件发生。游行示威，各界谴责，这些报道都重要，然而，公众特别是亚裔更急切需要知道的是：我的社区有没有同类的事件发生，所在地的警察局有没有加强对某些地段的巡逻。美国新闻负面的庸俗化还在于其监督警示作用止步于鸡零狗碎，比如说某某好莱坞明星商店偷窃被抓，而权贵通过修订税收政策堂而皇之地盗窃国库却无人报道。

后果与责任

在美国，新闻弃儿造成的后果是非常严重的。首先那些新闻荒漠中的弃儿恰恰是社会的弱势群体，处在信息生物链的末端。传统媒体十几年的危机与转型的结果是：70%的地方新闻机构消亡，形成新闻荒漠，转型成功的只是少数几个占据了各种优势资源的新闻大鳄。而这些成功的新闻媒体却更加商业化、精英化和阶级化。新闻媒体逐渐转型成订户付费和广告并重的

第 2 章
从此萧郎是路人：新闻的弃儿

模式，而无论是广告还是付费墙，从商业逻辑和实践上都是以金钱歧视为基础的。另外，这些新闻机构的从业人员也在逐渐精英化。传统时代，记者多来自草根阶层，多数出身于公立州立大学，而进入 21 世纪以来，《纽约时报》《华盛顿邮报》《华尔街日报》等新员工更多来自常青藤等名校。

新闻规避者和抗拒者看似是主动的选择，其实也是因为对主流新闻媒体不满的无奈，并非完全放弃新闻，他们依然有信息需求需要满足。而这些人脱离了主流媒体以后，转向的是廉价的非专业的替代新闻，进入回音壁和信息茧房。这是造成社会分裂和另类真相的一个重要因素。研究表明规避者不仅仅脱离社会，而且逐渐游离家庭、朋友和同事，政治冷漠，玩世不恭，相当一部分产生习得性无助。习得性无助（learned helplessness）[1] 是美国心理学家赛里格曼（Martin Seligman）首先提出的，指通过不断的挫折和失败而形成的一种对现实的无望和无可奈何的行为、心理状态。随着新闻的荒漠化、抽象化和精英化，普通老百姓感觉不到新闻的温度。新闻不但没有赋能，反而让人更加迷茫、抑郁和无助。当然，新闻的这个负面影响，不是今天才有的问题，比如格伯纳（George Gerbner）的涵化理论，波兹曼（Neil Postman）的《娱乐至死》[2] 都是在讲这个问

---

[1] Martin Saligman, *Helplessness: On Depression, Development, and Death*, Reprint Edition, New York: W. H. Freeman, 1992.

[2] Neil Postman, *Amusing Ourselves to Death: Public Discourse in the Age of Show Business*, New York: Penguin, 1985.

题。当然，那个时期的谴责对象多限于电视。

新闻弃儿问题该如何解决呢？造成新闻弃儿的原因不同，也需要不同的应对路径。

首先是理论和指导思想的辨析和修正，比如如何认识新闻的负面偏差？赋权和赋能究竟是不是新闻的使命？新闻除了做看门狗外，是否还应该做导盲犬？这个问题以往讨论得相对较少，学者和业界甚至消费者都默认新闻负面偏差的理所当然，将中立、客观同赋能对立起来，任何有违偏离都被看作离经叛道，非专业。

其次就是要把理论的修正落实到技术层面，比如如何增加新闻的相关性和建设性来超越新闻的负面偏差。

再次最为根本，也是难度最大的，是如何在体制层面上改革。比如如何通过政策导向，消除新闻荒漠和信息鸿沟。作为公共产品的新闻，如果仍然完全依照商业模式运行，就必然是主观为金钱，客观顺便为公众。体制方面的变革，各种途径都可以尝试，比如通过立法打破平台垄断，保护公民隐私。难度太大的系统工程可以从小处开始，比如政府对大学的助学贷款可以向新闻传播专业倾斜，可以如同支持师范生那样，在学费上优惠，以吸收支持更多的草根阶层的学生加入新闻传播领域。

新闻的根本目的在于赋能，这应该不难理解。你去问任何一个新闻工作者或者新闻系的学生：你为什么要干新闻？回答恐怕不会是为了报道负面或者做公众的看门狗，肯定还有重要的后半句，比如为了社会公平正义，为无声者发声，等等。

第 2 章
从此萧郎是路人：新闻的弃儿

长期以来，无论是学界和业界，存在一个约定俗称的新闻有益的假设前提，很少去关注新闻造成的负面影响。受众对新闻的规避和抗拒，用行动传递了一个信号：如果放弃新闻成为一种主动的选择，最终的结果必然是"从此萧郎是路人"。更为严重的问题在于，萧郎不是单个的人或者一代人。新闻消费看起来是一种选择，实际上更是一种习惯的培养。当一个家庭一个社区的家长都在规避和抛弃新闻的时候，你能指望后一代成为自己的受众？当然，也不能为了取悦受众而放弃新闻的使命。诚然，新闻有很强的负面偏差，但是，新闻（journalism）是一个社会的疫苗，虽然有各种副作用，然而它维护的却是整个社会的健康。正如群体免疫才能抵抗瘟疫一样，新闻不能放弃任何一个民众。1999 年《南方周末》新年献词说"让无力者有力，让悲观者前行"，这不仅仅是煽情的口号，而应该是新闻的根本目的所在。恶行的惩处，正义的伸张，才是最大的正能量。当然，如果新闻业铁了心要躲在付费墙里数钱，那自当别论，那就不要再提什么公共服务。大家一别两宽，各生欢喜吧。

第 3 章
慢新闻：回归还是反叛

慢新闻从某种程度上可以说是对传统的一种回归。许多传统媒体一直喊却没有做到的，慢新闻做到了，比如说新闻专业主义一直强调的准确、解释、背景、品质等。同时，慢新闻理念和实践上也对传统有所突破或者说反叛，比如说对客观性的公开摈弃。这个是基因级别的逾越，其理由是新闻不可能客观，语言本身就是选择，没有客观的选题，更没有客观的记忆；重要的不是是否客观，而是准确和公平。

第3章

慢新闻：回归还是反叛

近来有关新闻业的讨论，基本都纠结于传统主流新闻业的困局，比如新闻专业主义的生死，媒体融合的失败，媒体伦理的挑战，受众的蜕变等，绕来绕去，到头来恐怕还是应了那句老干部口头禅：问题就是这么个问题，情况就是这么个情况，然后呢？是啊，然后呢？新闻这个行当，不比文史哲，不能光说不练，关键还不在说，而在做。然而，传统媒体救赎的那些事儿，好像也絮叨得差不多了。因此，有必要转转场子，换换思路，谈些另类，或者说非主流的东西，比如慢新闻、新闻的情感，新闻与文学等。这些既是理念也有实践，但都涉及一个核心问题，那就是：在数字时代，以及即将来临的智能时代，新闻应该怎么做（making news）？或者说得更窄一点，专业主义的新闻应该怎么做（doing journalism）？这些理念和实践同既有的新闻价值和传统有什么样的关系，是回归还是反叛？

首先谈谈在理论和实践上都有亮点的慢新闻（slow journalism）。

在线 在场 在地
新闻的未来

快媒介：一切都是"快""抖""闪"

小标题有意撩了下当下最火的"快手"和"抖音"，当然还有各种"闪"，就是想强调一句：如今的媒介，最核心的无非是个"快"字。

也许无人会否认，人类社会已经不可阻挡地——悲观一点的人用"不可救药"——滑入一个快、超快的轨道。现代人已经存在 20 多万年了，而 99% 的科技进步都发生在最近的一千年，而这一千年来的突破，多数又发生在最近两个世纪。计算机技术的发展更是几何级的，科学家预计到 2030 年，计算机的智能会赶上或超过人类，人类进入智能大爆炸时代。

智能爆炸的根本原因就是因为算得快。没有最快，只有更快，快到人类来不及成长就老了，五年恨不得成了隔代人，小你三岁就敢喊你大叔或大婶。有时候独坐，会羡慕窗前的树，一棵树望着另一棵树，先长的叶子等着后面的叶子成长。

快的结果当然就是忙，忙到没有时间去说忙，或者不好意思说忙，谁不忙呢？然而，忙什么？学习、工作、吃喝拉撒睡，外加，或者主要是，刷朋友圈。当然，还有不少人在忙这个：

2016 年 4 月 8 日，周五，下午三点，美国的一家新闻网站 BuzzFeed 做了个实验，两位编辑在脸书上直播橡皮筋拴西瓜，看究竟能套多少个橡皮筋，究竟需要多长时间西瓜会爆掉，结果套了 690 个橡皮筋，持续了 45 分钟。

第3章
慢新闻：回归还是反叛

问题不在 BuzzFeed 的两位编辑多受罪，一个一个套了 690 个橡皮筋，而是居然有 80 万人在线，同他俩一起绷着，事后将视频放到网上，竟然也有上百万次的播放。这让我想起了一个早年间的笑话，说有位钓鱼的汉子鱼竿挑了整整七个小时一无所获，旁边一位终于爆发了："你这人真是有耐心啊，看你七个小时了，替你着急！"

同这皮筋拴西瓜一样奇葩的还有另外一起网络无聊案：美国一家网站在推特上发了张裙子照片，问图案到底是白黄条，还是蓝黑条，结果一周内有一千万的转发，白黄派和蓝黑派争论得不可开交。有好事者将裙子的照片搬运到了中国的微博上，结果浏览量瞬间冲到 500 万，6.5 万跟帖，以至于美国有家新闻网站都发了篇新闻，题目就是《裙子的颜色也把中国人搞疯了》。实际上，白黄还是蓝黑，不过是人们对于颜色的感觉误差而已。

是的，如今科技的螺旋使整个社会都高速旋转起来，以至于不少人担心，在这个无穷动的亢奋中，我们不知不觉地甩掉了无数宝贵的传统和遗产，大动荡，大颠覆，带来大破坏，大爆炸带来了大晕菜，正好应了美国两部影视剧的名字——《生活大爆炸》（The Big Bang Theory）和《大病》（The Big Sick）。超负荷飞转的结果，是失去了重心和方向，时间都到哪儿去了？自我又到哪儿去了？

新闻作为社会最为敏感的反应者，"快"一直是它的核心价值之一。通信技术的革命，又为这种"快"提供了无限的可能。微博，微信，短视频，推特，脸书，共同的特点是什么，就是一个"短"，为什么"短"，不就是为了"快"吗？快餐，快递，闪婚，秒杀，快世界，快生活，快媒介，快餐一样的快新闻。

快新闻：欲速则不达

欲速则不达，这里不仅仅是抢不到新闻的意思，而是说即使抢到了，也是远离了事实和真相。

中文的新闻也许是同英文 news 对应最好的一个词了，越琢磨越觉得是无缝对接，比本人某年夏天去吉林松花湖，随口把路过的一个叫唐家崴子的地方翻译成 Tangka Valley 还贴切。遗憾的是，汉语里没有对应 journalism 的词，每次想说 journalism 时都不得不费口舌澄清，此新闻（journalism）不是彼新闻（news）。

新闻自然要新。传统媒体时代，如果要新，没有什么特别的办法，或是你的通信工具比别人快，或是你能垄断成独家，捂着不让别人闻，你即使迟了一个礼拜都是新闻，虽然这有点不道德。再不然，你可以霸占通信工具，比如说先霸住电报机，霸住电话机，就像肯尼迪总统遇刺抢新闻那样。

话说 1963 年 11 月 22 日中午 12 点 30 分，美国德克萨斯州达拉斯街头突然枪响三声——肯尼迪总统遇刺。合众社记者史密斯和美联社记者贝尔作为随行记者正在紧跟总统车队的一辆

第 3 章

慢新闻：回归还是反叛

车上。开始大家还以为是有人放鞭炮，只有平时就爱玩枪的史密斯意识到不是鞭炮是枪声。史密斯立即抄起了车上仅有的一部无线步话机，那是 AT&T 专门提供的，当时算所谓高科技。这部无线步话机可以直接连接电话总机。史密斯连上了合众国际社办公室，开始口述这惊天消息。合众社枪响后不到四分钟就发布了肯尼迪遇刺的消息。现在听起来似乎太慢了，可在当时简直是神速。试想一下，首先要通过总机，人工接通电话，口述给值班编辑，值班编辑边听电话边用打字机敲出来，然后开始走请示、决定、发布的流程。现场的记者车跟着总统车队往医院疾驰，而史密斯抱着电话"喊新闻"，完全无视旁边美联社记者贝尔的哀求。贝尔急疯了，开始拳脚并用抢电话，无奈史密斯死不撒手，直到发了一条：肯尼迪死了，才把电话给了可怜的贝尔。

这是新闻史上抢新闻的经典案例。然而，通信科技的发展，使普通百姓都拥有了同新闻记者一样的装备和工具，如果以前的新闻界是同自己竞争的话，那么今天新闻界对抗的是全社会，尤其是被社交媒体武装起来，随时都可以是记者的所谓的"人人"。

社交媒体由于其"新""快"（当然也未必是新东西），非常吸引人，因为人本质是喜新厌旧的，推特对人的那种瞬间满足是非常强烈的。推特要求所有问题在 140 个字（后来又放宽了一倍）之内解决，多简单痛快！没人喜欢复杂，毒品就是让吸毒者所有的难题变得简单，瞬间解决，所以说具有致命诱惑。美国《纽约客》杂志的著名作家乔治·派克尔（George Packer）

在线 在场 在地
新闻的未来

直截了当地说:"推特就是毒品,让人们沉迷。"① 并声称自己从来就没用过推特。结果被网民群起而攻之,骂他没有用过推特怎么就知道推特是毒品?派克尔回怼得相当干脆:"我还没吸过毒呢,难道不能说毒品有害?"

为了这个新,那就必须快,萝卜快了不洗泥,听风就必须是雨,管它天上有没有云,管他窗外是不是阳光灿烂,传统的采访、求证过程都统统舍弃。如今的新闻编辑部里基本都取消了校对部,更不谈什么一审、二审、三审制度,为什么?取消了这一环节可以省钱,另外一个主要原因是你根本也没时间去顾及这个。于是就有了美国明尼苏达州的警方检察院都还不知道,中国某些网站就"悍然"宣布京东强哥性侵案的女主由于诬告被收审了,当发觉出丑了,又飞快销毁罪证,没事人一样在忙着辟谣了。

这样的快餐一样的快新闻造成的问题多多,随手总结几条。

第一,快是以准确和真实为代价的。学者罗森博格(Howard Rosenberg)和费尔德曼(Charles Feldman)有一本书,书名就叫《无暇思考》②,书里有一句话说,新闻编辑部的所有错误归根结底都是抢第一惹的祸。

第二,为了快,就喜欢走认知捷径,贴标签,简单化,概

---

① George Packer, "Stop the World", *The New Yorker*, January 29, 2010, https://www.newyorker.com/news/george-packer/stop-the-world.

② Howard Rosenberg and Charles Feldman, *No Time to Think: The Menace of Speed and the 24-hour News Cycle*, New York: Continuum, 2008.

第3章
慢新闻：回归还是反叛

念化，脸谱化。有了这个捷径，写稿子就成了选择填空，完全不顾及人性和社会的复杂。

第三，青睐或者只顾及那些骇人听闻的新闻，哗众取宠，而在表述的过程中侧重于冲突、事故、色情和暴力。

第四，快餐新闻同快餐一样没有营养，不健康。

第五，更为可怕的是，造成一种快餐文化心态，自甘堕落。反正我是快餐，而且多数免费，所以读者有什么好抱怨的？错了又如何？大不了随后更正。越做越差，却心安理得。

总的来说，新闻成为信息碎片，大脑垃圾，甚至还由于大脑的超负荷，极易造成短路，好像什么都知道，又好像什么都不知道。只要有阅读量，有"10万+"，无人真正关心是否真实。在这样的生态环境下，虚假新闻盛行。而且不单单只有不负责任的自媒体或者小媒体制造、传播假新闻，许多严肃的主流媒体常常也沦陷成了假新闻的传播者。

美国三年前出了一个特别神的大笑话，网上有帖子说蝙蝠侠的蝙蝠车（电影道具）被人偷了，霎时间疯传，连哥伦比亚广播公司的新闻网站都忍不住报了这条。末了还是《底特律自由报》戳穿了这条假新闻，说刚刚电话了警方，警方说蝙蝠侠的酷车待在车库好好的。这是典型的起哄抢新闻的案例。现在许多的新闻不是去采访去验证，而是抢发到社交媒体，然后开始打嘴仗，比方一个说下雨，另一个说下雪，其实简单不过的就是往窗外看一眼。

这样的结果，损害了新闻的根本，安家立命之本：公众的信任。

那么，既然快是罪魁祸首，为什么不能慢下来，在快媒介时代做慢新闻呢？

慢新闻的前世今生

慢新闻这个提法十多年前就出现了，是英国雷汉姆顿（Roehampton）大学教授苏珊·格林伯格（Susan Greenberg）2007年首先提出的，强调慢新闻作为一个既重事实又重叙事的高端产品，质量和时间是两个关键词，慢的目的是为了质量。

当然，慢新闻的出现不是偶然的，近处说同反快餐文化、提倡简单和健康饮食的慢餐（slow food）运动有一定关系，再往大了说，可以说是一个文化思潮的反映，可以联系到梭罗的自然生活、爱默生的超验主义，可以联系到佛教、东方哲学、极简主义文化和生活方式。

当然，谈到慢，也可以联想到木心的"从前慢，车马邮件都慢，一生只够爱一个人"。

慢新闻作为一种新闻实践的历史，要看你如何定义。有人把慢新闻追溯到20世纪60年代的文学新闻，有点扯远了，如同把二进制追到中国的阴阳八卦。

慢新闻作为一个有理念有组织的自觉的新闻实践大致产生在2013年左右，以荷兰的"通讯"（De Correspondent）、英国的"延迟享受"（Delayed Gratification）为旗帜性代表，另外可

第3章
慢新闻：回归还是反叛

加上西班牙的"笔记"（Jot Down）、美国的"诉说"（Narratively）等。感兴趣的朋友可以直接去网上查看具体的产品。篇幅原因，这里简单说说最具代表性的两家，为后面的讨论做个铺垫。

首先是荷兰的"通讯"，创办者开诚布公地说要对抗大媒体公司对零售商和第三方收入的依赖，终极目的：为了新闻更专业，而不是股民的荷包更鼓。创始人维伯格（Winberg）原来是一位资深记者，后来决定自己创业，在荷兰国家电视上提出了设想，办一个新型的新闻网络平台，希望能够通过众筹来筹措资金，结果反应热烈，半周不到，有15000人订阅，其中不少人还在订阅费的基础上多捐了钱，众筹了100万欧元。

"通讯"还发表了创刊十大宣言，关键词翻译过来就是：（1）每天播报，但超越当日的议题；（2）从"新闻"到"新颖"；（3）新闻理想而非意识形态；（4）专题；（5）是新闻专业主义而不是收入优先；（6）从读者到参与者；（7）没有广告，但有合作者；（8）没有目标客户但有同人；（9）理想上狂野，艺术上谦虚；（10）数字版。

这宣言的每一项主张都有措施去实现，而不是只喊喊口号，比如说新闻专业主义至上，而不是利润，如何保证呢？"通讯"承诺：每年收入用于分配的不超过5%，剩下都投到新闻生产上来，账目公开透明。

英国的"延迟享受"，干脆把公司名字叫作慢新闻公司，网站的域名直接就是 slow-journalism.com，宣布要跟传统的主流媒体快新闻决裂，要反其道而行之。

慢新闻，尽管宣言和理念有不同表述，有几点是基本的。其一，不做被"新闻"牵着鼻子走的新闻，而是要做内容为王、质量为上的慢新闻。其二，这样的新闻，需要大家的参与，共同培育。说白了，就是要让大家资金支持，来共同做新闻，而不是依靠第三方。其三，不排斥新技术。充分利用数字通信科技，即使只出纸版，也有线上的推广和互动。其四，在新闻的呈现形式上，专注于长新闻，非虚构写作，要深度，重叙事。第五，顶顶重要的一点：不免费，但不以营利为目的。怎么表明你不以营利为目的，而且不受合作伙伴或者赞助商的影响呢？答案是公开透明。有合作伙伴和有赞助商，就要把合作的条件放在网上，告诉读者交易条件是什么，让读者来监督独立性和自主性。君子爱财，取之有道。慢新闻也做买卖，是把高品质的内容卖给读者，而不是通过内容把读者卖给广告商。

慢新闻存在的理由与条件

慢新闻产生的一个重要动因是对主流媒体的极度失望，不仅仅是对传统媒体的失望，也包括对新媒体的不屑。

社交媒体谷歌、脸书、推特在这些人看来，正是快餐新闻的罪魁祸首。

那么，传统主流媒体，不是在变革吗？不是在从广告模式转变到用户模式吗？不是开始重视用户体验了吗？主流媒体也

第3章
慢新闻：回归还是反叛

有很好的慢新闻啊，比如《纽约时报》前几年叫好声一片的全媒体报道《雪崩》(*Snow Fall*)。慢新闻在失望什么？为什么非要你来标新立异？

首先，主流媒体，包括新媒体，依然是在做快新闻。不说别的，那么多的白宫记者，特朗普发一个推特就可以牵着你鼻子走。这也不全怪这些记者，因为新闻的传统定义就是"新近或者正在发生的事情"，快本来就是新闻的特质之一，但是在数字时代，当新闻不能垄断的时候，传统新闻的快的价值就被消解了。无论你多快，你能抢过事件当事人吗？

当然，主流媒体这些年确实也在痛定思痛，试验各种变革，比如变受众为用户，数字优先等，但其基本的商业模式依然不外乎广告加订户。口头上以为用户服务为根本，但骨子里还是在商言商，底线是上市公司，是要为股东负责的。所谓的付费墙，其本质还是卖人给广告商和零售商，只是付费的用户更高端更贵而已。

问题还在于，这个广告为核心的商业模式，被一个东西消解了，那就是广告拦截软件。苹果等浏览器的拦截功能成为标配。

那么，硬广告不行，软广告如何？结果是，软广还不如硬广告的坦诚，软广伤害的是读者的信任。

通过大数据实时监测来满足用户的模式难道也有问题吗？有，而且是一个大问题，那就是新闻被过滤，回音壁效果。《纽约时报》的报头口号说：所有适合印刷的新闻，现在成了：只适合读者胃口的新闻。

在线 在场 在地
新闻的未来

慢新闻的主张是，我们做新闻，但不迎合读者，而是以质量赢得读者的信任。这同一味迎合读者趣味是完全不同的。

那么，这些新闻理念，相信大多数的新闻工作者也是认同的，这些新闻理想之歌也是无数人以前唱过的，但是，老话说，理想当不了饭吃。

慢新闻的饭碗靠什么端起来呢？市场需求在哪里？你的商业模式是什么？

当然，慢新闻严格讲是反对商业模式的。但是为了说明问题，我们先庸俗一把，引用一点市场营销理论。其中有一条叫"中间市场的消失"，大概是说，由于可以非常廉价地获得基本的产品和服务，人们更愿意花钱去购买更为高端的奢侈品，而不是去购买高不成低不就的中端产品。将此理论引申到新闻的生产流通和消费上，非常能解释慢新闻存在的理由。就新闻市场来说，人们可以非常廉价甚至免费获得各种低端新闻信息，中间的那块是什么呢，就是传统大众媒体的那块。互联网以前没有免费的低端，媒体可以通过垄断来赢利，如今这块被瓦解，市场欠缺的不是中端产品，而是高端产品。最近的图书市场研究报告称，精装和高端出版出现较快增长，也从另外一方面提供了佐证。那么，这些高端精品的打造，需要什么呢？第一需要的是资金，其二需要的是时间，十年磨一剑，也就是说慢新闻。如果人口的基数比较大，这块高端市场即使只有百分之一，也是一份巨大的市场份额。

从做慢新闻的几家媒体运营状况来看，发展势头良好。

第 3 章

慢新闻：回归还是反叛

慢新闻：回归还是反叛

慢新闻从某种程度上可以说是对传统的一种回归。许多传统媒体一直喊却没有做到的，慢新闻做到了。比如说新闻专业主义一直强调的准确、调查、解释、背景、品质等。

当然，慢新闻的出现更不是一夜之间突起的空中楼阁，对文学和新闻传统自然是有继承的，比如美国20世纪60年代的文学新闻，90年代的公民新闻等。慢新闻的基本理念和人员的构成不是来自硅谷，而是来自传统新闻。

那么，他们在理念和实践上究竟有什么样的突破或者说反叛呢？

首先，是对传统新闻价值观—及时性的反叛。传统新闻，速度是重点、核心。这同新闻的警示作用密切相关。学者德武滋（Mark Deuze）总结了新闻专业主义的五大核心价值：客观、独立、公共服务、伦理和及时性。[1] 及时性也是全世界范围的新闻工作者最能达成一致的价值，韦文尔（David Weaver）和威尔纳特（Lars Willnat）2012年度世界新闻从业人员价值观的调查表明，排在第一的认同，便是及时报道新闻，其次才是提供背景和解释分析。[2]

---

[1] Mark Deuze, "What is Journalism? Professional Identity and Ideology of Journalists Reconsidered", *Journalism: Theory Practice and Criticism*, Vol. 6, No. 4, 2005, pp. 443–465.

[2] David Weaver and Lars Willnat, *The Global Journalist in the 21st Century*, New York: Routledge, 2012.

在线 在场 在地
新闻的未来

另外一个反叛是对客观性的公开摈弃。这个是基因级别的逾越。其理由是新闻不可能客观，语言本身就是选择，没有客观的选题，更没有客观的记忆，认为重要的不是是否客观，而是准确和公平。

再有一个是强调主体性，新闻人要承担专业和职业责任，新闻的议程应该由新闻人来确定；新闻不是简单的记录，必须有新闻人的验证和判断，否则，就同书记员没什么区别了。都说新闻是历史的初稿，那么，可不可以让记者来完成初稿，而不是让受众直接读草稿。

还有一个比较明确，不含糊：反广告，软硬都反，彻底的。

如果从学术的角度来考察，也可以有许多有意义的发现。比如，新闻生产从工业化的大众传播时代过渡到了后工业化的数字传播时代。工业化的逻辑就是市场的逻辑，就是规模和垄断。从认识论上讲，新闻从现代的现实主义到再现说转到了后现代主义的构建说，认为没有客观的现实，只有主观的构建，所以慢新闻不认同新闻的客观性。但是，慢新闻并不完全赞成后现代的完全构建说，而是同传统新闻理念进行调和，高调承认主观，并通过积极的主观来保持基本事实的准确，诚实而努力地接近真相。

慢新闻看起来是个速度和时间问题，而实质上是并不是说慢新闻一定要慢，关键是要用心用脑来做，重要的不是做新闻（news making），而是做专业的新闻（doing journalism），新闻（news）有快慢，而专业新闻（journalism）没有快慢，只有好坏。

第 4 章

新闻的情商：数码时代新闻的感性转向

在新闻的金科玉律里，主观低等，客观高大上，情感有害客观。然而，在新闻实践中，主客观常常纠缠。在规范性理论上，客观是新闻专业主义的支撑，是信仰，然而，新闻毕竟需要"讲故事"，需要依靠情感去吸引受众。

如果说新闻的客观与主观、理智与情感在传统的新闻实践中并非水火不容，那么在社交媒体时代，感性新闻的回归或者转向更是不可避免，而且十分必要。

美国桂冠诗人弗罗斯特（Frost）曾说："所谓诗歌，无非是情感找到了思想而思想找到了语言。"仔细想来，这同做新闻并无二致。

在线 在场 在地
新闻的未来

社会生活的媒介化，个人生活的网络化、社交化的后果之一，是新闻职业边界的消失和生产关系、社会关系的重构。特别是随着人工智能、虚拟现实等进入人们的生活，媒介生态的改变对新闻理念和新闻生产影响将越来越广泛和深刻，而这么一深刻就深到哲学层面上了，关乎新闻的本体论和认识论。

哲学上的本体论太深奥了，绕来绕去容易绕糊涂，因为哲学的主要任务就是提出越辩越糊涂、永远没有答案的问题。我们还是求教于一位绝顶聪明的人工智能大牛，看他如何认识和定义本体论，从而启发我们想清楚需要思考的究竟是什么问题。这位就是发明了苹果语音助理 Siri 的格鲁波尔（Tom Gruber）。他给本体论的定义是：本体论是对概念模型明确的规范说明，或者说，本体论关乎明确定义的概念体系。[1]

这个定义简单明了。捎带说句题外话：计算科学特别是人工智能明确了许多纠缠不清的概念，因为计算机不能靠微言大

---

[1] Tom Gruber, "Ontology", in Liu Ling and Tamer Ozsu eds., *The Encyclopedia of Database Systems*, Boston, MA: Springer, 2009, pp. 84–95.

第4章
新闻的情商：数码时代新闻的感性转向

义工作，对于计算机来说，一切的概念必须定义明确，必须有操作性。

由格鲁波尔的定义来看，新闻的本体论无非就是新闻的观念体系，具体来讲，问题可以包括，新闻的本质是什么？究竟什么是新闻专业主义？新闻专业主义存在的必要性、合法性、合理性又在哪里？新闻专业主义的核心理念又是什么？这些问题听起来好像教科书上都有标准答案，然而，在新的媒介生态下，一切可能都变得不那么确定和清晰，比方说，新闻究竟是客观的还是主观的？也许你会说，那要看你站在何方立场，依据什么理论，公婆的理都可以说通。那我们再简单粗暴一点：机器人做出的新闻与人做出的新闻究竟有什么本质的不同？机器人新闻是客观还是主观的？机器人可以做出专业主义新闻吗？

因此，新闻的危机关键还是这个概念体系，包括传统、经典价值观的崩坍与重构，不解决观念问题，新闻专业主义又该如何坚守？新闻失去了自我、失去了本体，找到再好的商业模式，转身再华丽，又有什么意义？因而，所有新闻变革、转型的尝试和努力，包括公共新闻（public journalism）、慢新闻（slow journalism）、正面新闻（positive journalism）、建设性新闻（constructive journalism）、和平新闻（peace journalism）、方案新闻（solution journalism）、对话新闻（dialogue journalism）、鼓动新闻（advocacy journalism）等，绝不单单是形式上、商业模式上的探讨，而是对新闻本体论和认识论的质疑或拓展。虽然各种各样的新闻在主张和形式上各不相同，一个大的共同点是更加重视新闻人的主观能动性，包括情感在新闻中的地位和作用。这些立足于新的媒介生态环境、重视生活体验和情感关怀的新闻实践，被学术界总结为感性新闻（affective journalism）的转向，而且有不少人认为这是新闻变革的方向。

但是，"情感""主观"，这些字眼在传统的新闻理论中，几乎是禁忌词，传统新闻的道德基础和理论核心是客观主义，掰开揉碎了，也没有主观和情感的位置。

灭人欲，存天理：理智与情感的对立

哲学"达理不通情"。苏格拉底和柏拉图都崇尚理智而贬低情感，认为情感常常会迷惑人心，而成为求真求知的障碍，而理智和情感犹如水火，不可能和谐共处。柏拉图说，"理智与情感是两匹背道而驰的野马，把人载向相反的方向"，"而情感需要驯化、掌控，或者被理性的坚毅的大手拨开"。

中国宋明理学要存天理、灭人欲，而王阳明的心学也是要天理，当然二者的方法不同，朱熹们要灭人欲以知天理，而王阳明则要天理心中求。

现代西方哲学对理智和情感的二分法判断也基本是柏拉图式的，理智和情感是对头，情感是自发的，而理智是控制的，理智随时都要监督和控制情感，理智通过逻辑来梳理和评价事实和验证真理，而情感则无价值和意义。情感随意、变化无常，理性则是客观的、永恒的、普遍的，由此出现一系列的二元

第4章
新闻的情商：数码时代新闻的感性转向

对立：

  事实与情感对立，

  客观与主观对立，

  理性与非理性对立。

  问题是，这样的二分法显然既不符合人性也不符合科学。

  首先，人的感性和理性不可截然分开；其次，情感也是认知的重要途径和手段。

  现代认知科学特别是神经科学的研究成果表明，情感与理智并非黑白分明，尤其是在认知过程中，情感的作用不可或缺。人的本能是感性的，比如盲人通过感觉来认识世界。基于逻辑的理性是可以被超越和代替的，人工智能是理性的典范，阿尔法狗战胜了人类第一高手，其指纹识别能力、人脸识别能力更是超越了人类。人工智能在逻辑运用上也表现不凡，与人类的辩论中，也占了上风。但是，似乎距离有人类情感的机器人的出现还相当遥远。由此来说，人的本质也许是情感。

  情感也并非不理性。英国诗人布莱克一首诗中写道："眼泪是智力的东西。"（a tear is an intellectual thing）[1] 马克·吐温说："世上最真实的无过于情不自禁的感情。"

  在传统理论体系中，我们强调了认知，却忽视了情感。人

---

[1] "For a tear is an intellectual thing /And a sigh is the sword of an Angel King/ And the bitter groan of the martyr's woe is an arrow from the Almighty's bow" —William Blake, *The Gray Monk*, https://quotepark.com/quotes/1728748-william-blake-for-a-tear-is-an-intellectual-thing-and-a-sigh-i/.

类首先是感情动物,所谓"问世间情为何物,直教人生死相许"。因此,我们在重视人的社会资本(social capital)的同时,也应该关注人的情感资本(emotional capital)。

多情总被无情恼:传统新闻的客观至上

英格兰有一位空前绝后的老报人叫司格特(C. P. Scott)。说他空前绝后,是因为他担任英国《卫报》的前身《曼彻斯特卫报》总编达57年之久。而现在无论东方西方,总编任职超过5年就不错了,为什么?现在的总编是职业经理人,5年内不是被炒就是自己跳槽。职业经理人干的是工作,而报人干的除了工作,还有情怀。

1921年5月5日,《曼彻斯特卫报》创刊百年,司格特写了一篇《百年献词》[①],其中有一句名言:"言论廉价,而事实神圣。"(Comment is free, facts are sacred.)司格特的这句话成为新闻客观至上、事实至上的真言。

而在近百年之后的2017年,美国公共广播电台一位叫华莱士(Lewis Wallace)的年轻记者,写了一篇博客,吐槽客观至上的新闻清规戒律,题目是《客观死了又如何?》,中心意思是说:(1)所谓的客观是不真实甚至虚伪的;(2)所谓的中立更多不过是为了赢得受众的策略而已;(3)所谓的客观有违我的

---

① C. P. Scott, "A Hundred Years", *The Manchester Guardian*, May 5, 1921, https://www.theguardian.com/sustainability/cp-scott-centenary-essay.

第4章
新闻的情商：数码时代新闻的感性转向

人性，而我选择人性。

这大逆不道的吐槽在新闻界掀起轩然大波，所在机构不得不做出反应。开始的处理是停职，条件是删除博客，压力之下，他也照办了，然而，两天后，他终于拗不过自己的内心，对上司说"我改主意了"，又把那篇博客恢复了，结果被解雇。

客观可以说是新闻专业主义的基石。客观包括事实、公正、公平、独立、中立和非情感。情感让人联想到的是小报、煽情主义、偏见和商业至上，一句话，情感就是非专业。

各个新闻机构制定了清规戒律来捍卫客观。路透社在1956年苏伊士运河战争时，指示前线记者一律不许称英军为我军，为当时的英国首相艾登（Anthony Eden）所深恶痛绝。

著名新闻学者明迪池（David Mindich）说："如果说美国新闻是个宗教的话，那客观就是至高无上的神。"[1]

再大的腕儿，也不能冒犯这尊神。美国哥伦比亚广播公司新闻主持人克朗凯特（Cronkite）是美国新闻界传奇人物，被称为世界上最可信的人。2009年，克朗凯特逝世，《时代周刊》称他是电视新闻客观主义的守护神。肯尼迪总统遇刺时，克朗凯特正在做现场直播。他回忆道："我当时听到这个消息，震惊之余，不禁喉头发紧，哽咽无法发声，但我还是强压下了自己的悲痛。"言辞间，深为自己的近乎情感失控但终未"失节"

---

[1] David Mindich, *Just the Facts: How "Objectivity" Came to Define American Journalism*, New York: New York University Press, 2020.

而庆幸和自豪。

大家都知道新闻界有鄙视链，做报纸的看不上做电视的，无线电视鄙视有线电视，传统新闻看不上互联网，鄙视的依据就是谁更严肃、客观、不情感。在新闻界，感情成为坏新闻的同义词，即使是街头小报，也绝少承认自己主观。

记者纵有万般情愫，也不得不戴上客观的紧箍咒。

业界这样，学界更是如此。新闻学的研究中，情感被边缘化。例如在哈尔特雷（John Hartley）编著的《新闻与传播学关键词》①一书中，没有一个概念甚至一句话是有关情感的。写这篇文章的时候，我特意检索了整本书，结果只有一处提到了情绪这个词，不过谈的不是情感，而是新媒体的表情符号。

表里不一：新闻实践中的客观与情感

在新闻的金科玉律中，情感低等，客观高大上，情感有害客观。然而，在实际的新闻实践中，主客观常常纠结。在规范性理论上，客观是新闻专业主义的支撑，是信仰，然而，新闻毕竟需要"讲故事"，需要依靠情感去吸引受众。

首先来说，客观并不是新闻的本体，新闻的起源是感性的、个性的、主观的，是猎奇的，所谓"骇人听闻"。事实当然重要，但是事实有关诚信，是普遍的道德要求，同客观没有直接

---

① John Hartley, *Communication, Cultural and Media Studies: Key Concepts*, 5th Edition, New York: Routledge, 2019.

第 4 章
新闻的情商：数码时代新闻的感性转向

必然的联系。

从 19 世纪中叶开始，媒介科技的发展使新闻进入大众传播时代，新闻的感性得以放大。有意思的是：新闻专业主义的出现和发展恰恰得益于感官主义。作为调查报道的扒粪新闻，其基本套路就是通过"骇人听闻"，揭露资本主义的邪恶和社会的阴暗面，而激起社会的道德愤怒。直到今天，调查报道的影响途径依然是社会的群情激愤产生社会同情和共情。

新闻客观的出身并不那么高大上，初衷是赢得更多市场份额的一种策略。[①] 当然新闻工作者为了自身职业的社会认同，也需要理论建构。而理论建构的过程，正与实证科学在美国的兴起同步，由此客观成了理论基石。

然而，客观的一个大问题是把一个个孤立的事件当成了自然而然，把事实的呈现当作了事实本身，而忘记了新闻是对事实的呈现。舒德勋（Schudson）说：20 世纪初，受实证科学的影响，美国新闻理论界天真地认为事实是世界本身，而不是人类关于这个世界的陈述。

塔克曼（Gaye Tuchman）说得更尖锐。她认为：坚持客观是市场策略，也是为了自我标榜，法律上的自我保护，客观中立可以使记者超然事外。[②]

[①] Gaye Tuckman, *Making News: A Study in the Construction of Reality*, New York: Free Press, 1980.

[②] Tuckman, *Making News*.

新闻客观化的过程在某种程度上是一个商业化和脱离群众的过程。廉价的感官主义通过发行量赚钱，但无论如何，走的还是"哗众取宠"的群众路线。而到了客观新闻时代，新闻的服务对象是广告商，自然而然嫌贫爱富，读者成了商业模式中的一环。

当然，一味去揭客观主义的出身以及商业动机有些过于诛心。

在新闻实践中，新闻要素（5W1H）"5W"中的4个（What，Who，When，Where）当然是重要的，然而，更为重要的恐怕是Why和How。特别是社会网络化媒介化的今天，何事何人何时何地这些要素上，职业新闻已不占优势。具体到新闻报道，特别是长篇报道，最为紧要的是"如何"和"为什么"，包括当时当事的态度、情感、动机等。因此，新闻——特别是长新闻是很注重客观事物的主观表达的。因为语言本身就是主观的过程。有学者研究了历届普利策奖作品的主观表达，结果发现，主观感性呈现普遍存在。

而在一般新闻中，主观情感的呈现是通过情感外包来实现的，通过当事人、幸存者、受害人，或者专家的口来实现。可以说，客观和情感在新闻实践中，一个是只说不做，另一个是只做不说。

亲密接触：社交媒体时代的感性转向

如果说新闻的客观与主观、理智与情感在传统的新闻实践中并非水火不容，那么在社交媒体时代，感性新闻的回归或者

第4章
新闻的情商：数码时代新闻的感性转向

转向更是不可避免，而且十分必要。

美国密苏里新闻学院的首任院长威廉姆斯在《记者守则》中强调，新闻首先是公共信任、公共服务，而伟大的新闻在于人性，一个新闻人只撰写他内心感受到的真实。

新闻的三大功能：信息、教育、娱乐，其根本的目的还在于影响。无论是主观还是客观，仅仅提供信息是不够的。影响的发生有赖于新闻报道引起的同情和共情。同情产生悲悯，因而宽容；共情感同身受，因而理解，再而行动。有人说传统媒体产生同情，新媒体创造共情，有一定道理。

在多媒体和社交媒体时代，新闻不仅是阅读和观看层次上的认知，而且是参与和体验。个人的生活几乎完全媒介化，媒体不仅仅是手段，而几乎就是生活本身，现在的新闻是沉浸的、互动的、互联的、参与的、社交的、开放的、体验的，是亲密的接触。美国的一项调查表明，23%的人握着手机入眠，而在年轻人当中，比例达到了54%。10%的人承认半夜醒来看手机。早上，人们一觉醒来，最先想什么？35%在想手机，17%在想咖啡，9%在想牙刷，不到10%的人在想自己的另一半。而在千禧一代中，66%的人早上醒来的第一件事是摸手机。[1]

新媒体是感性的，正如麦克卢汉所说：媒介即信息；科技是人感官的器官的延伸。社交媒体、多媒体的一个重要特质是

---

[1] Reportlinker: *Smartphone Statistics: For Most Users, It's a "Round-the-Clock" Connection*, 2017, https://www.reportlinker.com/insight/smartphone-connection.html.

在线 在场 在地
新闻的未来

对人的各种感官的充分调动和参与,这就为共情提供了前提。考察媒介发展的历史可以发现,媒介越快,就越感性,为什么呢?因为速度加快,人们需要更多地凭主观直觉去认知、去处理信息。新闻生产和消费更加感性化。抖音等短视频的流行很能说明问题。

感性新闻不仅是个人的,而且通过网络的分享成为一个公共的情感。参照布迪厄的场域理论,可以说职业新闻工作者和受众共同创造了智力和情感的网络和场域,新闻和受众都需要在新的生态中找到自己的空间。

总而言之,需要重新认真审视和评估情感在新闻中的地位、作用和影响。在信息爆炸和超载时代,也许事实是廉价的,而情感才是神圣的。

美国桂冠诗人弗罗斯特(Frost)曾说:"所谓诗歌,无非是情感找到了思想而思想找到了语言。"仔细想来,这同做新闻并无二致,所以詹姆斯·凯里(James Carey)说:"新闻传统上是一个文学形式而不是一个技术写作。"[①] 海伦·凯勒(Helen Keller),也就是《假如给我三天光明》的作者,说:"世界上最好、最美的东西是看不到甚至摸不着的,只能通过心灵感受。"

说到底,好新闻是用心做出来的。

[①] James Carey, *Communication as Culture*, 2nd Edition, New York: Routledge, 2008.

第 5 章

事故与故事：新闻与文学的相生相克

新闻（journalism）的传统定义本来就包含两句话。第一，新闻是新闻（news）采集和呈现的理论和原则；第二，新闻是新闻采集和呈现的技艺（crafts）和艺术（arts）。第二句可以说直接明确了新闻的文学艺术性。技艺有关技巧的熟练和重复，而艺术则涉及审美层次的独特，正如柏拉图所说："艺术给了我们现实中无法获得的体验和视角。"重提新闻的文学性，不仅是新闻救赎应该修炼的内功，而且是应对媒介化社会和技术乌托邦的人性的抓手。所谓文学性，也并不是要放弃新闻的客观性。新闻的文学性使事故成为故事，而故事产生意义。

在线 在场 在地
新闻的未来

密苏里新闻学院所在的密苏里州，有个常被人打趣的绰号，英文叫"the showme state"，中文不太好翻译，网上有翻译成"展示州"的，趣味尽失，还不如直接翻成"秀密州"或者"秀秀州"。

绰号的出处有多种，其一是说早年间有个密苏里州的国会议员在某次讲话中说："鄙人老家盛产玉米、棉花、苍耳和民主党，从不信花言巧语，光说不成，你得做给俺看。"另一个流行的版本是说密苏里人外出到矿上打工，怎么也学不会操作机器。工头往往就会对教他们的师傅说："这哥们儿密苏里来的，你光说不行，你得比画给他瞧。"一来二去，这showme竟成了密苏里州和密苏里人的代名词。密苏里人对此有多大认同不得而知，因为毕竟带有土老帽、秀逗的意思。不过，密苏里新闻学院则是将此做了主题词——或者说院训也未尝不可。"秀给我看，别说给我听"（Show me, don't tell me）成为新闻教授们的口头禅，无非强调新闻叙事，不要机械地去报道"事故"，而是要艺术地讲"故事"。

这"故事"二字算是同文学弹在了一根弦上。然而，出于多种原因，这根弦只能暗处拨，不可明处弹。业界学界，至少在专业话语中，对此严重过敏，一如"情感"二字，几乎成为

第5章

事故与故事：新闻与文学的相生相克

新闻的禁忌。然而，不可否认的是：无论新闻的起源、历史，还是新闻实践，新闻与文学都有着血肉联系。诡异的是：犹如古典戏剧里的爱情，两情相悦，偏偏家族世仇，恋人只能私会、私奔而不能明媒正娶。在新闻的话语里，文学性是污点；而在文学那里，新闻像是个野孩子，上不得厅堂，入不得族谱。总之，文学与新闻这把壶是万万提不得，尽管一直在滋滋冒汽。

那么，这把壶为什么现在要提？至少有三点考虑：一是文学与新闻同源；二是新闻的文学性为现实存在；三是对新闻文学性的重新审视也许会给新闻业的未来提供新的思路和期许。前两个是要说新闻文学性的合法与合理，第三个乃本章主旨所在：新闻与文学可以从相生相克走向相辅相成，在数字化、智能化的媒介生态中，提升新闻的专业性，实现传统新闻的救赎。

笼统地讲，目前新闻学的研究与讨论，多集中于媒介生态的改变对新闻业的影响，诸如媒介偏差、技术更新、数字革命、媒介化社会、算法、大数据、社会分化、后真相、对新闻客观性理论的质疑等，而在指导性（prescriptive）分析和研究中，也多以技术为核心，比如新闻传统如何与时俱进、创新求变，然而却往往忽视了向内的对新闻本体方面的求索，更鲜有研究涉及新闻的文学性，比如新闻的想象、新闻的创意、新闻呈现风格的演化等。新闻触动人的不在于事实的罗列，其根本功能在于产生共情，有了共情，才能谈到影响，而达到共情的核心——或者说核心之一是其文学性。何为文学性，一般会说想象与虚构，然而这些无非形式和手段。文学的根本是人性的艺术呈现。新闻共情的基础也是人性,所谓人性的新闻学(humanitarian journalism)。从这个意义上讲,文学与新闻本应心心相印,然而无论在学术上还是学术界的日常的交往上,文学与新闻虽鸡犬相闻,却不相往来。比如在许多大学里,文学和新闻常常归属于同一个学院,但各拜各的菩萨,各念各的经。新闻学同社会学、心理学、法学等社会科学眉来眼去,唯独同文学素昧平生,琵琶半遮。

本是同根生

从人类文明史来看,新闻(news)的诞生如果不说早于文学,至少同步。前文字时代,人类有了语言,便可交流信息,表达感情,激扬想象,描述现实,于是有了口语新闻和文学。美国学者史蒂芬斯(Mitchell Stephens)在《新闻的历史》(*A History of News*)一书中,将新闻的出现追溯到四万多年前。① 约一万年前,人类开始农耕和定居,表达和交流更成为刚需,而语言文字使具体的事件脱离事件本身成为"移动"的故事,新闻开始跨越时空流动,而后出现专门的信使,出现原始的通信交通工具,比如"马匹的驯化"。从上古社会一直到古登堡,新闻主要靠口头传播。中国汉字"闻"字的甲骨文为一人跪坐附耳,本义听到,引申为报告。新闻在相当长的历史阶段是以歌谣、说唱

---

① Mitchell Stephens, *A History of News*, 3rd Edition, New York: Oxford University Press, 2006.

第5章
事故与故事：新闻与文学的相生相克

的形式传播的。文学的发轫也大抵如此，在文字之前便有了文学，比如"荷马史诗"。即使在文字出现以后，文学的口语性特征依然显著，比如戏剧、诗歌。文学与新闻同根，犹如中国的文史不分家，《诗经》《史记》《左传》是文学也是历史。

任何以文字为介质的文本，从广义上讲都成为 Literature 而具有文学性。凯瑞（James Carey）认为："所有的叙事艺术都依赖于戏剧性的统一，将情节、人物、场景和目的集合到一起。"[1] 现代意义上的新闻与文学，更是相生相伴。如果让文学史家和新闻史家分别从自己的领地挖隧道溯源，挖不了多久一定会碰头。文学与新闻的自我成长之路，是在古登堡的印刷科技出现以后再经过百年酝酿才开始的。职业新闻（journalism）是在报纸的问世后才出现的，现代文学是在小说的出现后才出现的。说起来，小说（novel）这个词，比报纸（newspaper）出现得还要晚，文学与新闻的真正的分野在19世纪中后期才开始。

文学与新闻同源同流最为方便的例证便是：许多大文学家都出身新闻。美国学者安德伍德（Doug Underwood）在《新闻与小说：真相与虚构（1700—2000）》一书的附录里，仅英美作家，有新闻背景的就列出了三百多位。[2]

---

[1] Eve Munson and Christian Warren eds., *James Carey: A Critical Reader*, Minneapolis, MN: University of Minnesota Press, 1997, p.145.

[2] Doug Underwood, *Journalism and the Novel: Truth and Fiction, 1700 - 2000*, Cambridge: Cambridge University Press, 2008.

在线 在场 在地
新闻的未来

　　《鲁滨逊漂流记》的作者——英国小说家笛福是公认的第一个新闻人,比较早的还有现实主义巨匠狄更斯。应该说,狄更斯首先是个新闻记者,而后才是小说家。狄更斯中途辍学,19岁学会速写,当了一名记者,在35年的写作生涯里,除小说以外,还发表了100多万字的非虚构作品。有批评家评论到:对于辍学的狄更斯来说,记者生涯给了他最好的教育。以叙事长诗《忽必烈传》闻名于世的英国浪漫主义诗人柯勒律治,一生办过杂志,写过政论、人物特写等。在欧洲,法国的雨果、左拉,英国的乔治·奥威尔也有相当长的新闻生涯。

　　在新大陆的美国,惠特曼在出版第一本诗集前,做了25年的新闻记者。惠特曼诗歌的一个鲜明特征是对美国日常生活和普通人的歌颂,这应该得益于他的记者经历。马克·吐温也是做了20年的记者才出版他的第一部小说。惠特曼和马克·吐温的成就,在一定程度上,等于向世界表明,新大陆的粗言鄙语也能创造出文学,而记者也可以成为文学家。海明威的文学成就更得益于自己的记者经历和写作训练。他独特而鲜明的简洁、精练、准确,同长期的新闻写作密切相关。

　　当然,列举这些文学家的新闻出身不仅仅是为了拉文学的"大旗"来做新闻的"虎皮",更重要的是要说,除了同根同源的血缘关系,文学和新闻在发展史上也是彼此影响和彼此成就的。新闻是现实主义传统的一部分,是文学现实主义的创造者和推动者,至少可以说,新闻职业为作家提供了饭碗和孵化器。同理,这些文学大师的文学天赋,也对新闻——至少在新闻的

第 5 章
事故与故事：新闻与文学的相生相克

结构和语言呈现上产生了深远的影响。

性相近，习相远

从 19 世纪中叶开始，新闻与文学两个兄弟，开始自立门户，在各自的社会实践中，逐渐形成自己的个性特征，最显著的便是新闻客观务实，文学主观虚构。一般来说，两大思潮深刻影响了现代新闻的成长，即 19 世纪的现实主义和 20 世纪的现代主义。现实主义主张自然和社会生活的准确描述，现代主义则重视理性和逻辑，在认识论和方法论上，则以科学实证为基础。随着传播科技的发展以及新闻的商业化和职业化，新闻同文学分道扬镳，渐行渐远，甚至相互忌惮，白眼相向。

然而，应该注意到的是，现代新闻以客观、中立、平衡、非情感为核心的理论价值体系和实践模式的形成并非历史的必然。现代新闻传统的形成，是几种认识和实践模式博弈的结果，而这种博弈结果在很大程度上有偶然性。熟悉新闻史的应该了解，从 19 世纪中叶到 20 世纪初，美国新闻经历了便士新闻和黄色新闻的繁荣而动荡的时期，在理念和实践模式上进入了一个三岔口，或者说开始了三大模式的竞争。一个以赫斯特以及报业为代表，主张新闻主动干预社会，甚至不惜介入现实以改变现实。普利策虽然同赫斯特在黄色新闻大战中是对手，在理念和模式上其实没有什么根本差别，我们不妨称这一派为干预派或者哗众取宠派。站在对立面的是奥克斯（Ochs）执掌的《纽约时报》。《纽约时报》将自己定位为"记录类"报纸，其宗旨表述为"力求真实，无所畏惧，不偏不倚，无党无派，且不论地域或任何特殊利益"，我们姑且称之为客观派。在这两派之外，还有一派，那就是在新闻史上被有意无意埋没的、以著名报人斯蒂芬斯（Steffens）为旗手的文学新闻派。斯蒂芬斯在一家叫《商业广告》（*Commercial Advertiser*）的报纸做编辑部主任，笃信文学的力量，一心要创造出既有信息价值又有文学魅力的新闻，其麾下高薪聘请的记者大都是常青藤毕业的精英，有才华，有热情，有想象力。斯蒂芬斯时常表现出对报纸记者的藐视，说要让人们看到一个城市的人的生活，而不是一个支离破碎的建筑群。他强调独创性甚至到了偏执的程度，他曾说："如果两名记者写出的东西很像，那其中一位必须另谋高就。"

在这三派的混战中，《纽约时报》后来居上，成为美国乃至世界新闻业的标杆，得到学界和业界的广泛认同，迄今为止，《纽约时报》共获得了 130 多项普利策奖。《纽约时报》的胜出，有多重复杂因素，既包括政治、社会、文化、商业因素，诸如科学思潮和方法在美国成为主导，广告业的发展，受众对黄色新闻的厌烦等，也包括许多盘外招，比如谎报发行量、走上层关系等。客观派的胜出，也并不表明败下阵了的其他两派的观念乃至风格的彻底清盘。实际上，即使胜王败寇，天下一统，也避免不了汉承秦制，也就是说现代新闻传统实际上是派别融合的结果，比如从扒粪运动、调查报道以及 20 世纪 90 年

第 5 章
事故与故事：新闻与文学的相生相克

代的公民新闻分明可以看到赫斯特干预派的影子。同理，斯蒂芬斯的文学新闻也一直存在于新闻的血统中，而且时不时地涌上头面，形成潮流，比如20世纪五六十年代的文学新闻运动，80年代的诠释性新闻，以及非虚构写作的兴盛。《纽约时报》自己也受到了其他派别模式的影响。例如，有学者对《纽约时报》从1960年到1980年的报道做了细致的内容分析，发现不仅在内容上，而且其文风也在改变，变得更文艺。比如写苏联政治的一篇报道这样开篇："春天来临，冰雪消融，冲破冬天束缚的俄罗斯，生机盎然，春天给流放中的萨卡哈诺夫也带来了明亮的希望。"这够不够文艺？

谈了新闻与文学的"性相近"，也当然要谈，甚至更要强调两者的"习相远"。文学和新闻自立门户以后，由相生到相克，自然就有了隔阂与偏见，开始为捍卫各自身份的纯洁性而划分边界，而最为有效的方法便是排斥与鄙视。自古典文学开始，文学的作者和受众出身多为有产、有闲阶级，文学犹如贵族，而新闻的生产者与受众多为普罗大众。伟大如狄更斯者，其创作的100多万字的新闻非虚构作品，迄今都无人关注，得不到认可，因为在文学的话语里新闻不是严肃写作，新闻甚至成了文学的坟墓。例如，曾有一位评论家对奥威尔说："好好的一本书，被你写成了新闻报道。"可见成见之深。甚至有人说，记者哪里是写作，只是在打字而已。而新闻也在理论上极力回避文学，文学性似乎成为一种宗教禁忌。

在线 在场 在地
新闻的未来

"无"中生有与有中生"無"

然而，文学与新闻毕竟同根，虽刻意疏远，但难免藕断丝连，其后果之一便是生了一个私生子——非虚构（non-fiction），有的称作创意非虚构（creative non-fiction），或者更直接一点叫文学新闻。在对待这个私生子的问题上，文学界倒显得开明，敞开了怀抱接纳，新闻界对此则态度暧昧。这里没有篇幅去论证这个判断，只说一个简单的事实：非虚构写作的课通常开在语言文学系。

新闻对于虚构和文学的警惕情有可原，因为这涉及新闻的根本。谈新闻的根本是个大题目，容易空发议论，不如实在一些，讨论一下新闻与文学的区别。即使这个话题，也近乎不可能完成的任务，以至于王尔德在谈到新闻与文学的区别时卖关子："文学和新闻的根本区别是，新闻不可读而文学无人读。"

首先一个问题：所谓的文学新闻和创意非虚构中的文学和创意究竟指的是什么？它的容忍度有多大？什么是合理想象？如何理解文学比历史——自然比新闻更真实的观点，又如何看待社会建构理论对现实客观性的质疑？形而上的纠缠，留给哲学家去忙。这里想借用两个中国字来帮助梳理一下文学与新闻的区别。有观点认为，古汉语中，"无"和"無"是两个不同的字，"无"表示混沌未开，天地初始，所谓"有"生于"无"。而"無"则是"有"的消失，"無"的甲骨文，从"林"，是木头烧灭以后的没有。因此，是先"无"，后"有"，再而"無"。当然，上面

第5章
事故与故事：新闻与文学的相生相克

的说法有些牵强附会，因为从古文字学来讲，多数观点认为"無"同"舞"，而"無"不过是"舞"的简化字。这里我们不去纠结对与错。有意思的是这个多半是牵强附会出来的"无"和"無"的区别，恰好可以借来理解文学和新闻的根本区别。文学可以"无"，新闻则必须"有"。文学"无"中生"有"，是想象的后果，而新闻则必须"有"中生"有"，如果非要说任何知识生产都不能完全客观，是一种主观取舍，一种建构，新闻也不能例外，那也应该是"無"，绝不可"无"中生"有"。

当然，文学和新闻还有其他的不同。比如说文学是对现实的逃避，而新闻则是对现实的介入；文学是个人的，而新闻是公共的；新闻是他者的经验，而文学是自我的情感；等等。加拿大文学理论家、《培养的想象》的作者弗莱（Northrope Frye）曾说："想象，特别是文学想象的根本任务是从生活的现实世界创造出一个我们愿意生存的世界。"[①] 而新闻则是需要描述解释这个世界的不可生存之处。

相辅相成：理由与可能

正如本章开始时提到的，新闻的文学性在新闻实践中是历史和现实的存在。舒德逊曾说过，新闻记者制造故事，制造并非造假，并非说谎，然而也不意味着机械的、被动的、毫无想

---

① Northrope Frye, *The Educated Imagination*, New Impression Edition, Bloomington, IN: Indiana University Press, 1964, p.140.

象的录制。新闻（journalism）的传统定义本来就包含两句话。第一，新闻是新闻（news）采集和呈现的理论和原则；第二，新闻是新闻采集和呈现的技艺（crafts）和艺术（arts）。第二句可以说直接明确了新闻的文学艺术性。技艺有关技巧的熟练和重复，而艺术则涉及审美层次的独特，正如柏拉图所说："艺术给了我们现实中无法获得的体验和视角。"技艺循规蹈矩，而艺术则需要创造。倒金字塔是技术，而冲破这个程式就关乎艺术。从一定程度讲，新闻经典无不是以其文学品质取胜。然而，通常人们只注意到新闻的信息性，而忽略了新闻的文学性。如果说新闻的事实性是新闻的面子，那文学性则是里子。新闻崇尚客观事实，可谓求真；新闻以公众服务为宗旨，可谓求善；新闻也应该讲究艺术感染，可谓求美。可以真善美，何乐而不为？

重视新闻的文学性，首先是时势所趋，是新闻与时俱进以求生存的方向与途径之一。人类正在加速进入人工智能社会，人所擅长的许多劳动技能，甚至人的多种社会角色都可以被机器取代，那么，在一切皆可计算的时代，最为稀缺、不可取代的是什么？是情感。因为在算法面前，无论多么真切炽热的情感，都不过是没有温度的1和0；多么美丽的面庞，都不过是像素的建构。在《情感经济：人工智能如何创造共情的时代》[①] 这本书里，作者拉斯特（Roland Rust）、黄明蕙认为：人类社会发展的不同阶

---

① Roland Rust and Ming-hui Huang, *The Feeling Economy: How Artificial Intelligence is Creating the Era of Empathy*, New York: Palgrave, 2021.

第 5 章
事故与故事：新闻与文学的相生相克

段对应不同的经济。人类社会首先是物体经济，体力劳动为日常；工业革命后，进入机械时代，更多的体力劳动由机器代替，对应的是思想经济，人无论是劳动者还是消费者，更重视脑力。如今，人类社会已经或者说正在进入人工智能时代，对应的是感觉经济，强调的是情感和共情。人工智能（AI）和人类智能（HI）将紧密合作，AI去思考，而HI去感觉。在这一点上，新闻可以说大有可为。新闻的根本目标是在一个撕裂的、信息茧房和麻木社会里建立共识，而在这个无法对话的时代，共情是起点。达到共情可以有多种方式，文学是手段之一。新闻有了文学的情怀，那它关注的就不仅仅是钢筋水泥的建筑，而是酸甜苦辣的家园。

目前的科技革命，融合是关键词，但是融合的结果却是生活的碎片化和个人生活环境的陌生化。人们可以熟悉某个明星和名人的身高、体重、口味，却不知道你的小区为何来了一辆救护车；可以了解火星登陆，却不认识你的邻居。法国电影人、剧作家让－克劳德·卡里埃尔（Jean-Claude Carrière）痛惜现代人被快餐式的新闻片段驱使，变成不会讲故事的人。他说："真实和虚构的事件铺天盖地而来，使得我们把一切都当作快速处理的资讯（message），而无法细心推敲每一件事件背后的信息（information）。结果是这个世界分分秒秒地流变，新闻报道牵着大家的鼻子走。"[①] 没有共情，

[①] ［法］让－克劳德·卡里埃尔（Jean-Claude Carriere）：《与脆弱同行》，郭亮廷译，江苏凤凰文艺出版社2018年版，第79页。

在线 在场 在地
新闻的未来

信息被我们的大脑排列到次要位置，无法进入更高层次，产生认知共鸣和价值共鸣。可以说，新闻的情商偏低，只注重事实的表达，忽视个体的感受，而人类提高情商最为成熟的手段就是文学。迄今为止，文字应该说是人类最为伟大的发明，支撑了人类五千年的文明。文明史中闪亮的不是征服，不是英雄，不是财富，而是思想、科学、文学、艺术遗产，是亮晃晃的几页诗书，是《一千零一夜》掉落的几页纸。正如弗莱所说，对于一个文明且合乎道德的社会，文学应该占有中心地位。

大数据和人工智能时代，媒介生态的改变带来了许多不确定因素。就目前的趋势来看，公共领域和私人领域的边界开始模糊，而传统新闻是建立在公共服务基础之上的，对于私人领域则较少关注。如果新闻只关注传统的公共领域，那么就很难同受众建立真正的联络。而文学性可以使人在靠近现实的同时靠近自我，在公共性中感受私人性。

从现实的角度来讲，强调新闻的文学性也合乎市场的需求。目前来看，硬新闻的衰落无可挽回，无论报纸还是电视，线上还是线下；与此成鲜明对照的是老牌的传统杂志类刊物如《纽约客》《大西洋月刊》等却势头强劲，广告量不减，同时付费用户持续增长。非虚构作品的市场在增长，而虚构作品的市场在萎缩。纯文学受到新媒体和社交媒体的冲击更大，一个重要的标志是世界范围内，大学的纯文学专业招生量急剧下降，文学毕业生的就业比新闻传播类更困难。耶鲁大学的英语系学生数量比20年前减少了60%还多，普林斯顿40%的文学毕业生

第5章
事故与故事：新闻与文学的相生相克

去了华尔街，为稻粱，为财务自由。

重视文学性也将给新闻学学术研究带来新的活力和可能。长期以来，随着新闻的职业化和专业化以及向社会科学的靠拢，新闻传播学的研究主旨和取向也逐步社会科学化，特别是实证主义化，离人文研究范式越来越远。概括讲，多是对新闻学的研究（the study of journalism）而非新闻学研究（journalism studies），即新闻研究基本是他者的视角，社会学的，历史学的，批判的，符号学的，等等。凯瑞（James Carey）早在1974年就强调新闻学要注重文化研究，并认为所有的新闻批评（press criticism）归根结底是语言的批评。① 然而，一直到20世纪六七十年代文学新闻出现以后，才有零散对新闻语言和形式的研究，而且大多为了显示学术性，借助语言学、语意学、符号学等，即使靠得最近的叙事学，也较少谈到文学性。作为知识生产和专业创造，其他学科都有基于本体的批评，比如文学批评、艺术批评等，唯独新闻没有新闻批评，有的只是新闻评论，而新闻评论主要不评论新闻，而是评论社会。文学与新闻的关系研究可以拓展研究领域，比如新闻与文学的相互影响，文学性对传播效果、可信度的影响，等等。许多文学家的文学成就肇始于新闻，这本身就是一个值得研究的课题。

重视新闻的文学性，重视新闻叙事的研究，也可以克服现

---

① James Carey, "The Problem of Journalism History", in Even Munson and Christian Warren eds., *James Carey: A Critical Reader*, New York: Routledge, 2008, pp. 86 - 94.

在线 在场 在地
新闻的未来

代商业社会造成的后现代病。本雅明在《讲故事的人》中认为新闻缺乏超越性:"新闻报道的价值无法超越新闻之所以成为新闻的那一刻。它只存在于那一刻,它完全屈服于那一刻,即刻向它证明自己的存在价值。"① 本雅明比较了小说、新闻等叙事形式,认为故事才具有消息所欠缺的丰满、充实和丰富性,消息只是时过境迁的缥缈,但故事则能够保持并凝聚其活力,更为珍贵,叙事能力的被剥夺无异于人在现代技术社会中交流自身经验能力的丧失。事实正是如此,新闻将叙事拱手交给了宣传、公关和广告。美国诗人麦克雷士(Archibald MacLeish)在20世纪50年代就感触于诗歌与新闻的共同点,主张架起桥梁,消除"见"和"感"之间人为的鸿沟。他认为,新闻和诗歌都是在重新创造我们拥有的世界,只有感觉没有知觉创造不出艺术,而为了客观而牺牲情感的意义对社会也是极为有害的,结果必然是整个社会的庸俗化。② 一对青年男女殉情自杀,几百年前可以诞生伟大的悲剧,诞生莎士比亚的《罗密欧与朱丽叶》,诞生中国的《梁祝》,如今只能成为新闻的边角料,甚至都上不了热搜。过去即使是烟花风月,也有《桃花扇》、《杜十娘怒沉百宝箱》和《茶花女》,而在流量与网红称霸的今天,一首蹩脚的《探清水河》就可以癫狂网络。

---

① [德]本雅明:《讲故事的人——尼古拉·列斯科夫作品随想录》,张耀平译,载陈永国、马海良编《本雅明文选》,中国社会科学出版社1999年版,第297—298页。
② Archibald MacLeish, *Poetry and Journalism*, Whitefish, MT: Literary Licensing, LLC, 2012.

总之，重提新闻的文学性，不仅是新闻救赎应该修炼的内功，而且是应对媒介化社会和技术乌托邦的人性的抓手。所谓文学性，也并不是要放弃新闻的客观性。新闻的文学性使事故成为故事，而故事产生意义。

第 6 章

墙里秋千墙外道：新闻付费墙的是与非

普利策奖的最高奖为公共服务奖。如果所有的重要新闻都躲到了付费墙里，那么公众的知情权如何保证？付费墙造成的信息歧视，同新闻的公共性背道而驰。为公众服务成为为金钱服务。弱势群体不仅看不到信息，更看不到关于自己的信息，听不到自己的声音，无异于被抛弃。这种歧视比商业歧视更为直接和公然，商业广告模式的目标群体毕竟还有平民百姓。如果公共事务的讨论局限于社会和政治精英，公共服务势必成为精英阶层，即高学历、高收入阶层的专属，这不正是新闻专业主义一百年来的奋斗所要解决的问题吗？

第 6 章
墙里秋千墙外道：新闻付费墙的是与非

从互联网的出现，到媒介融合，一直到虚拟现实、增强现实，数字革命和创新在不到 30 年的时间里，逐步地但却全方位地、彻底地改变了媒介生态，改变了新闻生产方式和传播方式，以及与此相关的生产关系和社会关系，简言之，就是边界的消失和关系的重构。用布迪厄的场域理论来解释，就是改变了新闻生产和传播的场域，各种权力和资本重新角逐社会、经济位置和空间，而这种正在被重新界定的权力和网络关系充满不确定性，不仅仅是新对旧的挑战和排挤，同时也是各种新力量的竞争。因此，为了生存位置和发展空间，新旧媒体都在进行各种各样的尝试，集中表现在商业模式或者说经营模式的探索。

著名新媒体专家大卫·斯科克（David Skok）认为，新媒体革命开始后的媒介生态大致经历了以下几个阶段：从 1990 年到 1997 年，是门户期；从 1997 年到 2006 年的十年，为搜索引擎期；2007 年后又有将近十年的时间，为社交网络期；从 2015 年起，开始进入服务期（Service）。[①] 服务自然意味着以用户为

[①] David Skok, "Why the SaaS Era of Digital Journalism May be Our Most Exciting Yet", *Medium*, April 20, 2017, https://medium.com/startup-grind/why-the-saas-era-of-journalism-will-be-our-most-exciting-226f4e872b46.

中心，不仅仅是以用户为中心提供内容产品，更重要的是营利模式也要以用户为中心，说白了，必须从用户的口袋直接掏钱，而不是以往的出卖受众给广告商。由此，产生付费墙，产生墙里墙外的纠结。

往墙里看，似乎不错。最近两年，一直走在商业模式探索前列的几个主流传统大报——特别是《纽约时报》和《华盛顿邮报》——的订户有大幅增长。截止到2022年下半年，《纽约时报》付费订户达到1000多万，以至于雄心勃勃地要在2027年达到1500万。虽有怀疑说这是特朗普当选后左派的情绪性反弹，但两年看下来，好像不是虚胖。最新报告显示，《纽约时报》有57%的收入来自读者。当然，是否新闻的胜利还是要打个折扣，因为这已经不是传统意义上的新闻纸（newspaper），而是所谓的多种经营的信息提供商，比如《纽约时报》最赚钱的项目是菜谱和填字游戏。

《华尔街日报》和《金融时报》早就建了付费墙，且赢利势头也不错，但金融信息类属于专业媒体，不具典型意义，虽然二者也发时政新闻。

在中国，《财新》周刊据说目前有90万付费订户。

但是，墙外呢？如果个个都竖起了高墙，谁又来关心墙外的道、道路或者道义呢？新闻的公共性又如何体现？付费墙真的能够拯救新闻业吗？

"逼上梁山"的付费墙

应该说，付费墙不是新闻媒体的主动出击，而是"逼上梁

第6章
墙里秋千墙外道：新闻付费墙的是与非

山"的无奈之举。用"逼上梁山"，是因为别的路，特别是自己的生路——广告，已经被新媒体、社交媒体强取豪夺；用"梁山"这个词，还想说另外一层意思：就是这条路通不通另说，从道义上深究，不免有些离经叛道，有墙就肯定有墙内、墙外之别，就有信息歧视。

从20世纪90年代末起，新闻业就不断被冲击和挑战，一直是比较被动地去进行调整和改革，开始是照搬传统的商业模式，以内容带流量，流量带广告，无奈，这张旧船票登不了新的客船，概括有三大问题。

其一，新媒体强人谷歌、脸书等早已把"新殖民地"瓜分，而且利用新技术和大数据的平台优势，广告投放稳准狠，又便宜。

其二，新闻媒体的网站建设和内容建设被一个小科技手段几乎消解殆尽，那就是广告阻击软件，谁会投钱去给没有人看的广告？

当然，最为致命的是第三点——公众的不信任，美国民众对于新闻媒体的信任低到可怕的程度。

2021年盖洛普一项调查，列举了美国最受信任和最不受信任的职业。

排在第一的是护士，赢得81%受调查者的高度信任，医生，65%，中小学教师，64%，军官，61%，警察，53%；而新闻几乎垫底：报纸记者17%，电视记者13%，在所列职业中分别排在倒数第 8 和倒数第 6 位。①

公众的信任可以说是关键的关键。无论什么样的商业模式，没有公众的信任不可能成功。新闻媒体的专业性、公共性，《盾牌法》和《阳光法》给予新闻媒体的诸多优待和特权，无一不是基于公众的信任。

需要补充的是，商业模式问题不仅仅是传统媒体的问题。这场革命的对象不分亲疏老幼，即使在新媒体革命中涌现的新贵，比如 BuzzFeed 等互联网新媒体，也遇到了同样的生存困境。这也不奇怪，因为这场媒介革命也许刚刚开始，现在显露的不过是冰山一角。相对于传统媒体，新媒体可以说尸横遍野，不要忘了连曾经不可一世的 Yahoo 都奄奄一息了。

付费墙的是与非

付费墙的形式有多种，比如有配额制、部分付费和完全付费制等。付费墙的商业逻辑是公平买卖，价值交换。

付费墙的好处可以列举一大堆，顺手可以说这么几条。

1. 简单来说，不愧为一种行之有效的生财之道，付费墙直接带来真金白银。这个是根本，没有收入，一切都无从谈起，有了收入，自然就有了希望。

---

① "Gallup Honesty and Ethics Poll 2021", https://news.gallup.com/poll/388649/military-brass-judges-among-professions-new-image-lows.aspx.

2. 收费的订户模式，从理论上讲，应该会有优质的内容。

3. 又是从理论上讲，可以摆脱或者改变传统模式对广告的依赖，更关注读者的好恶品位，从而为读者提供更好的产品。

付费墙的问题也是一箩筐，简单列几项。

1. 收入依然有限，仍然不能解决根本问题，尤其是赚钱的多半不是新闻内容。而从历史上看，自从19世纪30年代开始，发行和订户收入就从来没有能够支撑成本。

2. 每道付费墙上都写着物超所值，但是，任何付费墙里都不可能满足一个人所有的信息需求。那么，读者需要的信息就不止你一家，也许需要翻三道、四道甚至十道墙，你的翻墙费虽然只有100美元，但是三家就是300美元，十家呢？

3. 同这个问题紧密相关的，是读者的信息摄入的单一和片面化。

4. 同样的，对新闻机构来讲，因为主要是为了满足订户的需求，只对付费用户负责，势必会影响到新闻内容的选择。

5. 赢者通吃的现象必然产生，几个大鳄控制新闻。

而付费墙最大的问题，是如何保持新闻的公共性。

当然，一定会有人说：这世界上哪有免费的午餐？免费的午餐是有的，只是谁来埋单的问题。新闻是一种公共服务，不但表现在关注公共事务，而且还表现在服务公众。新闻媒体的三大功能无非提供信息、教育公众和提供论坛。言论自由和表达自由，同信息权紧密相关，没有信息的获得，言论自由和表达自由流于空洞，而同公众利益干系重大的公共产品应该免费提供，比如教育、医疗等。这一权利是信息权和表达权的有机组成部分，公众的知情权是民主体制的基础，也是政府和社会必须保障的基本权利之一。这也是《世界人权宣言》的重要内容，联合国教科文组织存在的意义之一就是保证信息的自由表达和流通，而且世界各国、各族、各群体都能够平等地享有获得知识的权利，在大数据时代，这一点尤其重要。

普利策奖的最高奖为公共服务奖。如果所有的重要的新闻都躲到了付费墙里，那么公众的知情权如何保证？付费墙造成的信息歧视，同新闻的公共性背道而驰。为公众服务成为为金钱服务。弱势群体不仅仅看不到信息，更看不到关于自己的信息，听不到自己的声音，实际上被抛弃。这种歧视比商业歧视更为直接和公然，商业广告模式的目标群体毕竟还有平民百姓。如果公共事务的讨论局限于社会和政治精英，公共服务势必成为精英阶层，即高学历、高收入阶层的专属，这不正是新闻专业主义一百年来的奋斗所要解决的问题吗？

另外需要注意的是，付费墙内的东西也并非都是有价值的信息，有研究表明，80%的付费内容同质。

那么，付费墙同公共性的冲突有没有解决的办法？

会员制：飞跃付费墙

会员制的模式目前看来是一个不错的路径。

会员制同订户付费墙有什么根本的不同？付费墙是实用功

第 6 章
墙里秋千墙外道：新闻付费墙的是与非

能，是头等舱、经济舱和上不了飞机的差别，订户同新闻生产者依然是一种商业的交换，是一种买卖。而会员制是以事业为纽带，是价值认同的志愿行为，基于一种相互的尊重和认同。

会员有强烈的归属感，成为事业的一部分，而不仅仅是为了得到产品或者某种特权或者便利。会员制在付费、捐款以后，不但不主张占有的特权，相反希望门户开放，让更多的人看到新闻。

同样是羊毛出在羊身上，会员制是健康的羊、或者毛厚的羊为了羊群的福祉，甘愿为老弱病残多献一些毛，而并不排斥甚至欢迎更多的羊来分享青草。

正如美国纽约城市大学教授查卫斯（Jeff Jarvis）所说：会员制不是一种简单的增强收入的手段，而是重塑同读者关系的机会，特别是赢得读者信任的机会。[1]

订户制作为一种买卖关系，依然以规模为第一要素，而会员制是一种社群关系，而社群需要培育。会员网上是朋友圈，相互交流，线下也会经常聚会，生日会收到贺卡，每天还会收到简报，编辑还会不定时推介好书，会员还可以一起去参加公益活动。

当然，会员制有浅和深的两种，不是简单的一种模式。

---

[1] Jeff Jarvis, *Geeks Bearing Gifts: Imaging New Futures for News*, New York: CUNY Journalism Press, 2015.

纽约大学的研究人员总结出了会员制的五大价值要素：

1. 必须有独特的内容，也就是不可替代性；

2. 内容和形式的赏心悦目；

3. 实际贡献；

4. 合适的价格；

5. 透明度。

事实上，订户制是客户关系，而会员制试图培养会员的主人翁意识和行为。

那么，这种会员制有什么问题呢？

最大的顾虑，是界限消失以后，受众作为会员不同程度地介入新闻的生产过程，比如志愿做编辑、记者等，这涉及新闻媒体作为社会公器的独立性问题。

然而，也应该看到，媒体的独立是相对的，事实上，完全的独立是不存在的，任何媒体都毫无例外地受到各种各样的束缚和压力，重要的是这个独立是相对于什么。传统的独立有几层意思：

从体制上，是相对于政府，保障的手段就是立法；

从组织上，是独立于政党，这个需要从组织体制上来规定；

从新闻实践上，则相对于特殊利益集团，需要靠自我的道德戒律和修养。

随着传统媒体系统的崩溃，界限的消失，广告和新闻的合流，作为独立的组织形式和道德伦理的传统媒体，在逐渐被社会参与和合作式的体制代替，其独立性面临新的挑战。

第6章
墙里秋千墙外道：新闻付费墙的是与非

当然，付费墙也好，会员制也好，任何形式都不应该是唯一的模式。既有商业的，也有公益的，既有付费墙，也有会员制，墙里墙外多样性的复合才应该是目前以及未来新闻业的常态。

第 7 章

后浪的泡沫：数字原生新闻的希望与幻灭

数字原生新闻占据天时地利人和，各路财神入股，四方刀笔来投，有新技术的加持，无旧体制的负担，骄阳八九点，代表着新闻的未来。然而，也就十几年的光景，原本趾高气扬的数字原生新闻开始呼吸短促，犹如翩翩少年，没长大成人就开始染上了困扰父辈的疾病，期望这个后浪去取代前浪看来是非常不现实的。从目前的发展趋势来看，传统新闻业和原生数字新闻业都更加商业化，后浪也好，新浪也罢，有句话说得犀利：以前无论怎样，是广告支持的新闻，而现在，一切都正在变为新闻支持的广告。

第 7 章

后浪的泡沫：数字原生新闻的希望与幻灭

新千年以来的二十多年间，媒介生态风云变幻，不仅新旧媒体线上线下较量，新媒体之间——比如门户网站同社交媒体平台——也都捉对厮杀。社会媒介化，媒介平台化，在大数据、人工智能、平台控制的生态环境下，所谓人的数字化生存实质上成为人为数字生存。单就媒体这一块来说，这二十多年犹如中国历史上的东汉末年，数字革命狂飙突进，诸侯并起，攻城略地，渐成三国之势，虽然难说是三足鼎立。这三国便是：有人工智能和大数据加持的社交平台，仍在炼狱中的传统媒体，以及这里要讨论的重点——数字革命的新锐、汹涌澎湃的后浪——数字原生新闻（digital native journalism）。如果可以让文字再放松一点，继续类比下去的话，社交媒体平台当为曹魏，人多势众，霸气侧漏，天下归于技术，技术归于硅谷；传统媒体应是蜀汉，血脉正统，且有公共服务的堂皇冠冕，自具道德优越感，只不过"益州疲敝，诚危急存亡之秋也"，虽有各路诸葛出谋划策，但总体来看，依然踉跄在麦城路上；数字原生新闻自是孙吴，公瑾当年，小乔初嫁，英姿勃发，风光无限，肩负复兴新闻大业的众望。

在线　在场　在地
　　新闻的未来

数字原生新闻占据天时地利人和，各路财神入股，四方刀笔来投，有新技术的加持，无旧体制的负担，骄阳八九点，代表着新闻的未来。然而，也就十几年的光景，原本趾高气扬的数字原生新闻开始呼吸短促，振兴新闻的愿景已无暇顾及，不但没开拓出一片新天地，丰衣足食，茁壮成长，相反，养家糊口都成了问题。众人期许的病树前头万木春的局面没有到来，而这些恨不高千尺的新松，成长势头还不如传统媒体的老树新枝。且不用去计较那些不太好看的财务报表，一件事足可窥豹全身：从2016年开始，数字原生新闻不断裁员。2020年春天，连美国数字原生新闻的龙头大哥BuzzFeed的领军人物、总编辑史密斯（Ben Smith）都跳槽到了《纽约时报》。主将招安，何以言战？我们不得不问：这数字原生新闻的火苗怎么说灭就灭？到底是此路不通，还是前途光明而道路曲折？这是个至关重要的问题，因为它不单单关乎数字原生新闻自身的生死，而且涉及整个新闻业的救赎和重生。新闻救亡的路径已经尝试了多条，如果连数字原生新闻这条也是穷途的话，那真成了天黑请闭眼，应了一本讨论新闻业危机的书名：最后那位记者，劳驾把灯关了吧：新闻业的崩塌以及该做点什么拯救它。[①]

后浪可畏：数字原生新闻的肇始与发展

讨论数字原生新闻的肇始需要先交代一个背景，有了这个

---

① Robert McChesney and Victor Pickard eds., *Will the Last Reporter Please Turn out the Lights: The Collapse of Journalism and What Can Be Done to Fix It*, New York: The New Press, 2011.

第 7 章
后浪的泡沫：数字原生新闻的希望与幻灭

背景，会比较容易解释为什么它承担了那么多的精神寄托。

从某种程度上讲，数字原生新闻是两个失望后的希望。第一个失望是对传统媒体的失望，这个有了太多的讨论，不再饶舌。第二个失望是对互联网的失望，或者更准确地说，是对互联网曾让人血脉贲张、乌托邦式的开放性、民主性、赋权性的失望。

互联网浪潮从 20 世纪 90 年代中期开始搅动媒体的江湖。传统媒体虽然早就感觉风声吃紧，但不料小小浪花一夜间成了海啸，媒体帝国大厦瞬间陷身汪洋。面对传统新闻的 SOS，主要有两种声音。一种声音是技术决定论，科技达尔文主义，谁死了都正常，一切问题都可以靠技术解决。另一种声音多来自学界和知识界。这类学者对传统媒体的表现早就耿耿于怀，而其左派理论渊源又使其更执念于互联网赋权的迷思，现在看来，多少是犯了左派幼稚病。纽约城市大学教授查维斯（Jeff Jarvis）2009 年出版《谷歌可以做什么？反向解析世界史上成长最快的公司》，中心思想是号召人民向谷歌学习；[1] 三年后，又出版《公共部件：数字时代的分享如何改善了我们的工作与生活》，力赞互联网的公共性。[2] 同样地，纽约大学教授罗森（Jay Rosen），推崇公民新闻，甚至说新闻到了业余化（amateurization）的阶段。说来好玩，纽约的教授，思想自然带有纽约色彩：悠

---

[1] Jeff Jarvis, *What Would Google Do? Reverse-Engineering the Fastest Growing Company in the History of the World*, New York: Harper Collins, 2009.

[2] Jeff Jarvis, *Public Parts: How Sharing in the Digital Age Improves the Way We Work and Live*, New York: Simon & Schuster, 2011.

在线 在场 在地
　　新闻的未来

悠万事，唯尚两条：自由与维新。武断一点来讲，美国的数字革命有赖于两处精英推动：一处是西海岸的硅谷（Silicon Valley），负责技术；一处是东海岸的"硅街"（Silicon Alley），负责思想。所谓"硅街"指的是纽约曼哈顿一个街区，有多家高科技公司，算是纽约的高新区，其外延可以囊括哥伦比亚大学和纽约大学。这"硅街"的新闻立场，可以用一句话概括，那就是"人人可以做记者"，不妨叫泛新闻主义，或者给它扣个也许并不合适的帽子——民粹新闻主义。

　　抛开别的瓜葛不谈，泛新闻主义有一个致命的问题：不是所有，甚至不是大多数群众都想当记者。退一步讲，即使大家都愿意，其专业性又该如何解决？在社会媒介化的今天，新闻的功能不仅仅是发现和报道新闻，更重要的是验证新闻。社交媒体的帖子和吐槽如果不加甄别，难免会造成空前的信息混乱，最为典型的案例有波士顿马拉松爆炸事件的各种乌龙。当然，现在用不着争论了，因为数字资本主义已经全面占领了网络，即使有想当而且能当记者的"人人"，也已没有草根成长的空间。

　　从这一点上讲，这种泛新闻时代还没开始就已经破灭。人们意识到必须有独立的机构力量来开拓创新，完成对新闻的重塑。

　　此外，还有一个思想文化上的大背景可以点一下。在互联网特别是社交媒体出现以后，同后现代思潮相呼应，出现了许多"后××新闻"的话语，比如后电视时代的新闻，后工

第7章
后浪的泡沫：数字原生新闻的希望与幻灭

业时代的新闻，后真相时代的新闻，甚至后新闻。究竟这个"后"指的是什么，随其背后的哲学基础和理论脉络自然有不同的含义，但总的思想倾向和调性不外乎反叛二字，所以，数字原生新闻既有对传统新闻生态的不满，同时也有对社交媒体霸权的抗拒，因此，数字原生新闻在某种程度上具有了思想和意识形态意义。数字原生新闻不仅是个现象，而且是个象征。

数字原生新闻从全球范围来讲，大大小小，不止千家，比较著名的有美国的"赫芬顿邮报"（The Huffington Post）、"卦客"（Gawker）、BuzzFeed、ProPublica，荷兰的"通讯"（De Correspondent），西班牙的"报纸"（EL Diario），德国的"柯劳德记者"（Krautreporter），丹麦的Zetland等。数字原生新闻很难有一个简明统一的定义，因为其产生的政治文化背景，投资及运营模式差别很大，新闻理念也不尽相同。按照投资方式，有慈善、基金、风投、众筹等；按照企业性质，则有商业与非营利；按照其内容生产，有原创新闻、新闻集合以及混合型；按照运营模式，则有完全金主埋单、会员订阅、网络广告，以及这几种形式的混合体。鉴于这里的志趣不在一个精准的定义，我们采用一个简单直观的懒人法，大致列出几条表征来做个概括：首先，它不是传统媒体这只母鸡下的蛋，同报纸、电视台等媒体没有直接血缘关系；其次，自立门户，不是机构（包括政府机构）的派生；再次，从资金来源而言，不是传统的投资方式（比如银行借贷），而是融资，包括慈善基金、风险投资或者众筹；最后，数字原生，顾名思义，线上数字出版，没有线下载体。

美国学者安诗尔（Nikki Usher）将原生数字新闻的发展总结为三个阶段，分别是早期的商业网站阶段（1995—2000），中期的互联网泡沫破灭阶段（2002—2006），以及当下的社交媒体和平台阶段（2005— ）。[①] 这里的讨论限于社交媒体以后的新生代——从2005年前后开始建立、立足新闻报道、机构而非个人的数字原生新闻。数字原生新闻经过十多年的发展，从数量上、规模上都渐成气候。根据皮尤中心的一项调查，到2015年，美国的原生数字新闻已经创造了5000多个工作岗位。新闻机构的增加自然也意味着消费者和用户有了更多的选择。数字原生新闻在内容生产上的表现也非常抢眼，除了技术上的多媒体、多平台出版，在深度报道、解释报道、调查报道等颇显内功的项目上也令人刮目相看。2010年是个值得兴奋的年度，这一年的普利策奖第一次颁给了一个只有网络版且只做深度报道的ProPublica，在新闻发展史上，算是破天荒。此后，ProPublica成了普利策专业户，前后获了十多个（包括最高级别的）公共服务奖。2012年，"赫芬顿邮报"也荣获普利策奖。更让人咂舌的是：2013年，连间正式的办公室都没有，只有区区七个人的非营利网站"气候内幕报道"（Inside Climate News）击败《华盛顿邮报》获得普利策奖。普利策奖并非一个绝对的

[①] Nikki Usher, *News for the Rich, White, and Blue: How Place and Power Distort American Journalism*, New York: Columbia University Press, 2021.

第7章
后浪的泡沫：数字原生新闻的希望与幻灭

标准，但足以表明同行和专业的认可。似乎更应该说明的是：普利策奖同商业的成功没有直接的联系，叫好不叫座乃新闻业常态，不少获得过普利策奖的报纸关张，获过普利策奖的记者被炒鱿鱼的也不在少数。

数字原生新闻的蓬勃之势，自然给新闻专业主义打了一针强心剂，令不少学者异常兴奋、得意的同时，开始嘲笑学界业界那些为传统媒体担忧的苦主，说他们是只盯着钱袋子的"唯物主义者"，只看到了旧人走，看不到新人来，呼吁要从数字文化的高度来看待数字原生新闻的创新，这种新的文化将重新定义新闻，通过资本、技术和新闻的有机结合，成就新闻的未来。2014年，BuzzFeed总裁裴勒迪（Jonah Peretti）在给员工的一封邮件中，谈到数字原生新闻的命运，信心满满地说："我们正处在黄金岁月，正在开天辟地。"

不可否认的是，数字原生新闻从内容到形式都有不少有益的创新。许多数字原生新闻发轫于同人创业，干事业的理想大于赚大钱的考虑。发起人和业务骨干往往在传统媒体已有相当的功名，之所以叛逃，是觉得旧体制的按部就班实在无聊。他们不满足于做一个码字的记者或者编辑，更倾向于把自己定位为知识分子，思想上左倾，文化上反叛，崇尚事业像生活一样自由，报社的格子工位简直就是牢笼。他们比较喜欢的状态是在星巴克喝着咖啡用苹果电脑写稿子。与此相关，在新闻理念和具体实践上就表现出与传统迥然不同的文风，比如用第一人称，不回避主观感受，文字幽默、戏谑，注重同读者的互动，等等。

然而，还是应了那句老话，理想丰满，现实骨感，玩票也许可以，真正成了职业就必须直面舞台冷暖。无论是公益还是营利，最后都归结为可持续。当泡沫消退，冲浪就不再是一种消遣而是必须达到目标的苦旅。也就几年时间，有基金绝对支持的除外，数字原生新闻的业绩普遍低迷。在2017年的一份报告中，美国奈特基金会（Knight Foundation）资助的14个非营利项目，只有3个有增长，7个还能撑，4个裁员；到2019年，这14个项目解雇了200多位员工。BuzzFeed大量裁员，《赫芬顿邮报》猛烈瘦身，为了提高业绩，不得不采取各种增收节支的措施，包括裁人，加大产出，多种经营，关停并转，等等。内容也从政治、经济的硬新闻转向更能带来流量的软性栏目，比如趣味答题、带货、美食等。原本要乘风飞跃的后浪，泡沫爆破之后，精疲力竭地搁浅在沙滩上。

后浪的幻灭：原因与启示

当然，数字原生新闻也不是到了一两天就要死掉的境地。然而，人们寄予厚望、光环闪耀的数字原生新闻恐怕已经后浪变前浪，成了旧的新媒体（old new media）。这泡沫幻灭的原因有哪些，带给我们的启示又有哪些呢？

首先从创业的角度来讲，胜败兵家，赚赔商贾，创业有风险再正常不过。据德国学者辛德勒（Yvonne Schindele）和维义（Antje Weyh）近三十年的数据分析，新兴企业有半数活不过七

第7章
后浪的泡沫：数字原生新闻的希望与幻灭

年，真成了七年之痒。[1] 失败的原因无外乎几种：产品或者服务定位不准，市场竞争，资金链断裂，管理经营不善等，更有天灾人祸、公共卫生事件、政治事件等不可抗拒力等。

我们感兴趣的自然是数字原生新闻走衰的普遍规律之外的原因。

德国学者布斯州（Christopher Buschow）2020 年发表了一项研究，总结了数字原生新闻失败的几大原因，包括资金支持、管理经验与能力、社会关系、市场竞争力、创新能力等。[2] 其中，比较突出的一点是经验与管理能力。创业的骨干多是新闻出身，在行政管理、市场经营方面有天生的短板，由于多半是同人创业，同质性强，缺乏互补性。这些受嬉皮文化影响、有着社会理想的新闻人，虽说在传统的新闻编辑部游刃有余，一旦直接面对市场，往往会水土不服。如果用布迪厄的理论来掉一下书袋的话，就是场域的改变带来的不适应。在传统媒体，虽然有过度商业化的种种不堪，但是，新闻编辑部依然是新闻的场域，而到了数字原生新闻，这个场域就被商业和市场主导了。

另外一个重要的原因是社交媒体平台的挤压。数字原生新闻的商业模式依然是广告，而社交媒体平台（如脸书、谷歌、推特等）基本垄断了线上广告份额。原生数字新闻的广告量急

---

[1] Yvonne Schidele and Antje Weyh, "The Direct Employment Effects of New Businesses in Germany Revisited: An Empirical Investigation for 1976 – 2004", *Jenna Economic Research Papers*, 2008 – 076.

[2] Christopher Buschow, "Why Do Digital Native News Media Fail? An Investigation of Failure in the Early Start-up Phase", *Media and Communication*, Vol. 8, No. 2, 2020.

剧下降，以前网上广告可占总收入的70%—80%，如今勉强占1/3。近年来日子越发难过，处在前狼后虎的局面，不但要从平台嘴里抢饭吃，还要同传统媒体争地盘。

有不少原生新闻的模式是付费墙和会员订阅制。付费墙和会员制拉拢客户的惯常说辞是物美价廉，台词是"优质新闻不过是一顿饭钱"。这个说法的严重问题在于：要我一顿饭钱的不止你一个，也不是吃了你一家就可以不饿，当十个媒体都向我要顿饭钱的时候，我还花得起吗？

数字原生新闻在创业的泡沫阶段，各类风投争先恐后，金钱如粪土一般往墙上甩，哪块贴上算哪块。然而，泡沫破灭之后，商业的压力就会像磨盘一般压在身上。重压之下，商业逻辑必然盖过新闻逻辑，理想的路上就会出"修正主义"，穿新鞋走老路。数字化的资本依然是资本，资本的本质注定向金钱靠拢。风投资金需要短期的回报，需要不断有新的增长点来刺激泡沫。一旦撑不住，那就必须考虑安全退场。在这样的环境下，"赫芬顿邮报"被美国在线收购，美国全国广播公司成为BuzzFeed的大股东，AT&T、迪士尼、时代华纳等通过各种手段渗透成为金主。困惑传统媒体的顽疾——商业与新闻的冲突再次发作，且更为致命。一个依靠风投资金上市的公司有法律义务使股东的利益最大化。当商业逻辑压倒了新闻逻辑，内容生产就会成为钓鱼的手段，所谓用户的培育无异于种韭菜。这一点在数字原生新闻身上表现得尤为突出。前一秒绝对不承认自己同商业媒体一样唯利是图，而后一秒就又开始为点击量和广

第 7 章
后浪的泡沫：数字原生新闻的希望与幻灭

告焦虑。让人沮丧的是，越是同人创业的媒体，情况就更为严重。由于是同人投资创业，求生的欲望就特别强烈，抗压能力弱，也就更容易妥协。

市场与新闻逻辑的冲突必然会带来伦理问题，虽然随着技术的运用，许多伦理问题会越来越隐蔽，比如利用读者隐私数据做精准推送，比如所谓的原生广告，媒体成为带货党，媒体融合最后成了内容和广告的无缝融合。数字原生新闻这些后浪不但步了前浪的后尘，而且有过之而无不及。在传统媒体，生意和新闻之间这道防火墙起码在组织建构上是存在的，典型例子是报社的社长和总编辑双首长制。而数字原生新闻实行 CEO 一元化领导，好处是提高了效率，致命缺点是连基本的制衡都失去了。有这样一个案例：BuzzFeed 某天突然撤下了一篇稿子，坊间猜想的原因是这篇稿子批评了一个多芬（Dove）广告，而生产商联合利华是 BuzzFeed 的大客户。面对质疑，BuzzFeed 自然不会承认，给出的理由是这篇稿子同栏目的主旨和基调不符，实际上大家都心知肚明，什么同栏目的主旨和基调不符，同商业的基调不符才是真正的原因。

除了商业与新闻之间的矛盾不可调和，导致新闻质量下降的具体原因还有许多。例如，新闻内容生产需要一个庞大的社会资源支撑，社会学的概念是社会资本（social capital），比如社会权威、信誉，社会认可度，关系网，亲和力等，没有这个社会资本网络的支持，你的消息源就会枯竭。与此相关，身份认同也是个重要的问题，在现有的体制下，官方的认可是非常

在线 在场 在地
新闻的未来

重要的,甚至是致命的,大的不说,没有身份,新闻发布会就拿不到采访证。

数字原生新闻的另外一个亮点是创新。且不说有没有创新,即使有所谓的创新,也存在许多问题。首先,有些做法,比如新闻与广告的融合,根本就谈不上创新,而是传统媒体没有做或者不好意思做而已,这种创新有还不如没有;其次,即使有非常好的创新,就新闻业来讲,很难通过专利来保护产权,所谓的创新也就成了一层窗户纸,别人可以拿来主义,甚至比你做得更狠,更到位。

还有一个所谓的优势,是对人才的吸引。现在看来,人才优势早已不在。传统媒体行业的工资低不假,但数字原生新闻实行企业化管理,节奏快、压力大,犹如踩着转轮的仓鼠。一开始同人创业大家还可以不计较,而当资本进入,自己不过是别人赚钱的工具时,这个失落感是非常强烈的。

问题还可以列出许多。总的来看,原生数字新闻犹如翩翩少年,没长大成人就开始染上了困扰父辈的疾病,期望这个后浪去取代前浪看来是非常不现实的。正如前《巴尔的摩太阳报》资深记者大卫·西蒙(David Simon)在美国国会听证时所说:"如果有一天,我在巴尔的摩市政委员会上碰到了'赫芬顿邮报'的记者,也许可以有点信心。"[1] 还是那句话,新闻的

---

[1] David Simon, "Testimony, U. S. Senate Commerce Committee, Hearing on The Future of Newspapers", May 6, 2009, https://davidsimon.com/wire-creator-david-simon-testifies-on-the-future-of-journalism/.

第 7 章
后浪的泡沫：数字原生新闻的希望与幻灭

公共服务需要顶层政策设计。理念再超前，技术再先进，新闻的公共性同商业性的矛盾也永远无解，这无关新与旧，殖民与原生，只要是商业的，逐利就成了根本，新闻的公共服务必然大打折扣。从目前的发展趋势来看，传统新闻业和原生数字新闻业都更加商业化，后浪也好，新浪也罢，有句话说得犀利：以前无论怎样，是广告支持的新闻，而现在，一切都正在变为新闻支持的广告。

第 8 章
新闻业与社交平台：相向而行的必须与可能

　　新闻平台化已经是个事实，平台化带来的后果需要严肃对待。不少人的态度是车到山前必有路，技术派相信技术最终会解决问题，思想市场派相信市场会给出答案。实践已经证明光靠技术难以奏效，思想市场决定论也不可行。公共服务不能仅仅依靠市场这只看不见的手，必须通过系统的顶层设计来实现，包括有效的媒体治理。当然，治理不是狭隘的政府权力干预，而是多方面多层次包括政策、媒介素养教育等在内的系统工程。一个中心意思，必须拉上社交媒体一起"干革命"，使其不仅为股民服务，为客户服务，更要为人民服务，为公民服务。

第8章
新闻业与社交平台：相向而行的必须与可能

话说从前有山，有庙，有一老一小两个和尚。老和尚问："进一步是死，退一步是亡，你当如何？"小和尚毫不犹豫："我往旁边去！"

小和尚回答得妙。许多前后受困、左右为难的问题，也许解决的方法不过是脑筋转个弯，高大上的说法就是创新思维。钻牛角尖只会把自己越埋越深，一条道走到黑只能是无路可走。

传统新闻业似乎正是此等境况。

过去二十多年，传统新闻业从理论的反思——比如对客观主义的质疑——到各种旗帜和口号下的实践探索，令人眼花缭乱：全媒体、融新闻、慢新闻、感性新闻、建设性新闻、方案新闻、和平新闻不一而足；商业模式有以英国《卫报》为代表的免费公益，《纽约时报》的限量配额，再有《华尔街日报》的完全付费，威逼利诱，软硬兼施。然而，总体来讲，过程热闹，效果不佳。如此判断基于两个看得见摸得着的硬指标：第一，迄今为止，没有一个成功的商业模式；其二，新闻的品质不升反降。其后果呢，新闻业，包括所谓的新生代的数字新闻（digital native news）日子依然不景气，标志就是动辄开人，公

在线　在场　在地
新闻的未来

众对新闻业的信任度持续走低。经济上，没赚到钱；道义上，没得人心；效果上，有辱使命。假新闻猖獗，社会缺乏共识。

　　原因可以列出许多，其中一条，业界学界挂在嘴边的，无非数字革命对媒介生态的颠覆，具体来说，都是社交平台惹的祸，网络平台犹如"寄生虫"，利用了传统媒体的原创内容，带走了新闻赖以生存的广告，逐渐在新闻消费中取得支配地位，新闻业张皇失措中只有无奈与愤怒。你随便问一个新闻人，惯常的话语模式是：不行了！为什么不行了？社交平台太霸道，生存空间越来越小，重压之下，难以呼吸。在这个话语体系中，新闻业同社交平台是"敌我"关系，因此，新闻业的出路必然是重整旗鼓，奋力突围，无奈数次交锋，都事倍功半，一鼓作气，再而衰，三而竭。

　　这个时候，是否该学习一下小和尚？为什么非要争斗呢？为什么不可以联合起来共同对付假新闻，共同为公众提供真实可靠的信息，使政治更开明、社会更进步、生活更美好呢？为什么不可以化敌为友，相向而行？纵然有一万个理由可以说不，但有一个现实无法回避：这极有可能是唯一的出路。当然，也有不少人认为为时已晚，连这唯一都没有了。美国著名学者、弗吉尼亚州立大学教授威亚那逊（Siva Vaidhyanathan）在接受《大西洋月刊》采访时感叹到：现在这些平台的规模和势力如此之大，恐怕已经尾大不掉，我们在劫难逃。威亚那逊一直在警告社交媒体平台带来的可怕后果，为此先后出版过两本专著，一本批判谷歌——《一切皆谷歌：

第 8 章
新闻业与社交平台：相向而行的必须与可能

我们为什么应该担忧》[1]；一本批判脸书——《反社会媒体：脸书如何分化我们和伤害民主》[2]。

威亚那逊教授未免有些过于悲观。社交平台虽然已是巨无霸，但也不过十几年的历史，正在成长期，有很强的可塑性。从这些年的表现来看，其心态是开放的，也有从"善"如流的意愿。如果新闻界能主动介入，同其一起成长，应该是百利无害的好事。再说，任何以技术起家的大公司如果不思进取，存亡可在顷刻之间，诺基亚和雅虎便是前车之鉴。

新闻平台化以及后果

现在这个化、那个化用得有些滥，这里姑且再滥用一次，强调一下平台在新闻生产、流通和消费中的主导地位。社交平台在新闻消费和流通领域的支配作用无须多讲，在美国，有百分之六十多的受众通过脸书、谷歌、推特等来获取新闻。近年来，更有苹果新闻成为重要的新闻集散地。在国内，则有微信、QQ 和今日头条等。可以说，社交平台基本决定人们何时何地消费什么样的新闻。社交平台不仅是个消费平台，而且通过大数据和智能算法对新闻进行筛选和加工，形成各种排行榜，各种

---

[1] Siva Vaidhyanathan, *The Googlization of Everything*：(*And Why We Should Worry*)，Berkeley，CA：University of California Press，2011.

[2] Siva Vaidhyanathan, *Antisocial Media*：*How Facebook Disconnects Us and Undermines Democracy*，Cambridge：Oxford University Press，2018.

在线 在场 在地
新闻的未来

个性化推荐和推送，成为事实上的把关人。平台化不仅仅表现在消费流通领域，而且对新闻内容、形式都产生了决定性的影响，甚至影响到新闻的核心理念。比方说，传统新闻的价值体系里，可以列出事实性、客观性、独立性、公共性等，由于平台化，新闻的价值体系里开始出现互动性、可分享型、情感性等。有研究表明，经过平台的算法推荐过滤，受众更容易接触到个性化、感性化的短平快新闻，如此势必使严肃新闻的需求受到打压。不是说新闻不可与时俱进，新观念本身没有什么不好，问题是这些新价值成了标准，而其他同等或者更为重要的品质（如客观、公正、准确、公共性等）则被有意无意地边缘化了。

如果较真儿的话，可以说新闻媒体自身也已经平台化了。现在美国几个有着上百家报纸或者广播电台的新闻集团，基本都完成了集团层面的整合，产品的生产和销售都集中到以算法为核心的平台上。例如，《纽约时报》的个性推荐系统，叫作CTM（Collaborative Topic Modelling），根据点击、读者和平台的互动、读者偏好等数据来建造模型，完成新闻内容和读者兴趣的匹配，实现新闻的个性化推荐。

平台化最严重的后果不是利用了别人的原创内容，甚至都不是拉走了广告，最根本的是出版商需要依赖平台来销售自己的产品，换句话说就是：切断了新闻业同人民群众的血肉联系。单从商业性来讲，平台其实是把新闻产品的商业性拓展了，作为商品，新闻依然利润很高，搜索引擎、脸书、推特等还是靠

第8章
新闻业与社交平台：相向而行的必须与可能

传统的眼球换广告来赚钱，问题是赚来的钱大头都被平台拿去了，这个分配不公问题肯定需要解决。相对于商业性，更严重的后果在于新闻的公共服务功能被削弱，不但没有启蒙受众、监督权力和提供论坛，甚至造成了内容的娱乐化、庸俗化和回音室效应。新闻的公共性遭受了双重的压榨，不仅在生产过程当中已经被算法算了一回，在成为产品后，还要经过平台的二次过滤。即使新闻机构硬着头皮去做严肃新闻，在平台上也会被湮没在算法之中。

"回音室"的后果是极为严重的。早在1848年英国哲学家米尔（John Stewart Mill）就指出：同与自己不同的人接触，同异于自己的思维和行为接触，是人类进步的主要源泉。而在"回音室"，人们固执于自己的偏见，对话和合作几无可能，美国新冠疫情的失控、种族问题骚乱，在很大程度上是回音室效应的"现世报"。

美国著名宪政学家，曾担任奥巴马政府白宫信息与法规办公室主任，现哈佛大学法学院教授森斯坦（Cass Sunstein）在《共和国：社交媒体时代民主的分裂》[①]一书中，总结出当代西方社会有可能出现的三种幻灭：一个是奥威尔《1984》和《动物农场》那样的集权社会；一个是阿道司·赫胥黎笔下的《美丽新世界》，物质极大丰富，科技高度发达，人类可以基因繁

---

① Cass Sunstein, *Republic*: *Divided Democracy in the Age of Social Media*, Princeton, NJ: Princeton University Press, 2018.

殖，按照一个模式生活，衣食无忧但人性泯灭；最后一种可能，更为现实却常常为人忽略的，就是人们满足于自己的小圈子，满足于回音室封闭的小空间，作茧自缚，成为自我的奴隶，民主自治无从谈起。

回过头来看，互联网特别是社交媒体的一个最迷惑人的口号当是"人人都是记者"。事实上，且不说可不可以，即使人人都可以，并不等于人人都想做，而从实践上看，人们更多时候只是在消费分享算法过滤 n 次的信息，参与的是鼠标而不是大脑，实际上更为被动。

在西方社会，目前的传媒生态出现一个特别尴尬的境况：一方面，广大民众面对的是一个变化莫测、信息超载、各种算法算计、各种利益集团巧取豪夺的世界，真实可信的信息是刚需，而作为民众喉舌和看门狗的新闻媒体却自身难保，公众不信任，市场不埋单，影响力也降至最低。信息越多，知识越少，理解更少。整整一百年前，李普曼就指出："一个社会的健康取决于信息的质量。新闻不仅仅是传播信息，而富有促进人性的使命。"[①] 对于这样的使命，新闻业自然有广泛的认同。那社交平台呢？必须说平台负有同样的责任。为什么？因为平台在新闻生态中已经占据了举足轻重的位置，成为实际的把关人，鉴于新闻的公共属性，平台自然有公共服务的义务。

---

① Walter Lippmann, *Liberty and News*, Illustrated Edition, New York: Dover, 2010.

第 8 章
新闻业与社交平台：相向而行的必须与可能

平台显然意识到了这个问题，所以一再淡化自己的媒体角色，坚持说自己只是平台，不生产内容。推特将其使命定义成"为每个人提供创造和分享观点和信息的力量"。脸书声明其使命是"赋予人们建设自己社群的能力，使世界更紧密"。脸书"新闻推送"的设计者马拉（Greg Marra），早在 2014 年就对《纽约时报》说："我们非常清楚自己不是编辑。我们不对内容做专业判断。你交到了朋友，你链接到了自己想链接的网页，你就是最后决定者。"① 总之，就是强调自己是平台，并不能也不应该为内容负责。这成为社交平台逃避媒体责任的一种托词、一种商业策略。平台拥抱了新闻的商品属性，而拒绝承认其公共产品属性，赚钱的事情抢着干，而责任则要由内容的生产者承担，这是引起新闻界反感的一个重要原因。

相向而行的困难与可能

虽然新闻与平台心存芥蒂，但井水已经犯了河水，青山遮不住，不合流也难。再说，对于普通消费者来说，平台与新闻机构实在没有太大的区别，人们只介意菜好不好吃，不会留意菜是谁做的，又是谁送的。

就新闻业来说，有受害人心态，对于平台有着天然的敌意。

---

① Ravi Somaiya, "How Facebook Is Changing the Way Its Users Consume Journalism", *New York Times*, Oct. 26, 2014.

111

不过，近年来，在"怨"的同时，也慢慢接受现实，开始思考如何利用平台做好新闻。

社交平台呢，有意无意，已经成为新闻把关人。然而，新闻毕竟不是平台的专业领域，从事实来看，脸书、谷歌和推特把关人这张答卷是不及格的。从2016年美国总统大选开始，近四年来，不断暴露出技术公司的短板。平台自己很清楚，如果不主动采取措施改进，势必会招致政府的行政干预。与其被政府压头，还不如自己主动投入资金和精力来把事情做好。除了技术和算法的改进，首要一条就是尊重新闻的专业性，措施之一就是开始雇用编辑加入运营团队。

总之，平台和新闻机构都有合作的意愿。如果做个话语分析，可以看到，无论是管理层的表态还是普通雇员的调查和采访，"合作""伙伴"等字眼开始多起来，正在成为主旋律。

当然，合作的困难也不少。毕竟长期以来是对头，现在虽然有携手意愿，价值观和企业文化上也有诸多冲突。如果这种合作仅仅是在商业和市场层面，平台势必会强势。新闻媒体担心自己会沦为打工仔，而读者养成了到社交平台看新闻的习惯，彻底放弃了新闻媒体的网站和平台，这等于自己挖了自己的墙脚。

《纽约时报》2020年6月高调退出苹果新闻很能说明一些问题。苹果2015年年底推出新闻应用，其做法同其他平台有很大的不同，已经向传统媒体靠拢了不少，比如，苹果新闻只采用《纽约时报》、《华尔街日报》、CNN这样的主流大牌的新闻，

第8章
新闻业与社交平台：相向而行的必须与可能

每日的推送和新闻排行不是简单地由算法来做，而是有专业的编辑团队把关，比较合乎媒体的胃口。《纽约时报》退出的理由据称是合作未能帮助其发展用户，缺少话语权。苹果从收入中首先拿去一半，余下的一半才由各新闻单位分配，如果新增了用户，苹果则要拿去订阅费的30%。与其如此，还不如自己去专心发展订户。

新闻业的另外一个担心是主体性和独立性的丧失。在新闻传统价值观里，主体地位和独立性是根本所在。但是这个问题要看怎么说。在自身健康和生存都成问题的情况下，这个主体性和独立性是很难守住的。况且老实说，新闻业自己都已经平台化，商业的味道未必比社交平台弱，失去主体性的罪责新闻业自己也有份。比如说，付费墙起来了，经营和新闻分离的防火墙却倒了，这同合作与否没有必然关系。

新闻与平台，用布迪厄的场域理论来分析一下也挺有意思。二者分属不同的场域，分别有自己的权力关系、资本、资源和禀赋，有各自的优势空间。用布迪厄的话来说："有其自身的逻辑和运行规律，构成对行动者行动的限制和制约。"新闻生产文化资本，而平台是经济资本，自然各自被自身所处的场域影响。新闻为社会提供文化资本，具体来说就是有品质的专业主义的新闻，其根本价值在于公共服务。新闻求真，是它有别于其他信息提供商的根本所在。这个价值认同，驱动和支撑其惯习、专业地位和身份。新闻业的困境之一就是其场域横跨经济和文化领域，市场和公共服务经常陷入鱼和熊掌的两难。在传统的商业模式中，这个矛盾可以通过市场垄断和政策优惠来达到一种平衡，而如今这个平衡被打破。虽然平台并不直接参与竞争，但却颠覆了其场域。而平台的场域，注定是资本的、技术的和商业的。平台当然也喜欢事实与真相，谁又喜欢谎言？然而，它的场域决定它难以主动拥抱新闻的公共性。

那么，新闻与平台需要找到一个利益平衡点，也许可以从两个场域重合和接近的部分做起。平台发挥自己的资本和技术优势，而新闻业则可以充分利用自己的文化资本，诸如合法性、权威性、专业性等。

社交平台实际上已经开始了许多有益的尝试。比如2017年，为了解决假新闻问题，脸书开始同事实核实机构合作来加强对新闻信息的验证。YouTube则在2018年投资2000万美元来支持权威媒体生产视频，并优先推广，从而使受众可以更方便地找到有品质的新闻。YouTube说了一段三观非常正的话："我们认为，有品质的新闻需要持续的收入流来支撑，对此，我们义不容辞。"

平台与新闻业具体的合作方式可以探讨，比如在新闻推荐上，如何增加新闻品质在算法上的权重。这当然有许多难点，但也恰恰是需要新闻界（包括业界和学界）积极投入的原因。再比如，新闻业界、学界和平台是否可以联合起来，对新闻信息的生产者进行资格和资历认证，考虑的因素可以包括是否生产原创内容，是否遵循新闻专业主义的标准和伦理原则，是否有完备的新闻验证体系等。

第8章
新闻业与社交平台：相向而行的必须与可能

新闻平台化已经是个事实，平台化带来的后果需要严肃对待。当然也有不少人的态度是"车到山前必有路"，技术派相信技术最终会解决问题；思想市场派相信市场会给出答案。实践已经证明光靠技术难以奏效，思想市场决定论也不可行。公共服务不能仅仅依靠市场这只看不见的手，必须通过系统的顶层设计来实现，包括有效的媒体治理。当然，治理不是狭隘的政府权力干预，而是多方面多层次包括政策、媒介素养教育等在内的系统工程。一个中心意思，必须拉上社交媒体一起"干革命"，使其不仅为股民服务，为客户服务，更要为人民服务，为公民服务。

第 9 章

"创可贴"还是"灵芝草":
非营利新闻能拯救新闻业吗?

在科技革命日新月异的今天,媒介生态瞬息万变,非营利新闻是"创可贴"还是"灵芝草"谁都说不好。然而,起码有两点是清楚的:首先,指望商业新闻来挽救新闻业从逻辑上、理论上和实践上都是行不通的;其次,既然商业的路子走不通,非营利新闻提供了一种可能,至少可以让我们换换思路,开开脑洞,不在一棵树上吊死。从整个新闻生态来看,目前应该是多种模式并存,相互促进、相互平衡、补充的探索的过程,而非营利新闻大有可为。

第 9 章
"创可贴"还是"灵芝草"：非营利新闻能拯救新闻业吗？

还是有必要澄清一下：这里讨论的新闻主要不是指 news，而是以公民为服务对象，以公共利益为出发点和归宿的新闻生产的行为和结果，即 journalism，勉强可译为专业主义新闻。新闻业也是这个意义上的新闻业，而不是传媒业或娱乐业。新闻业服务公民，传媒业服务消费者，虽然二者时常重合，但从根本上讲，有着不同的价值取向。

关于新闻业危机和救赎的讨论很多，谈原因，谈现状，谈未来，谈来谈去，最后总不免落到经营模式和路径上，归根结底无非两个：商业或非营利。

占主导地位的，是观念市场（marketplace of ideas）的路子。在这个语境下，新闻业首先是商业，商业自然要营利，于是必须谈商业模式，正如某位媒体老总在同笔者讨论新闻业转型时所说：任何谈新闻专业主义而不谈商业模式者都是耍流氓。似乎只有商业主义才能救新闻，才有可能持续化发展。什么媒介融合、公众新闻、参与新闻无非都为了个商业模式，说白了就是如何赚钱，如何"10 万 +"；而技术控们则笃信科技决定论，更关心如何通过技术创新，诸如多媒体、大数据、可视化等，

在线 在场 在地
新闻的未来

来完成新闻业的涅槃，恨不得一夜之间出现一个抖音之类的新闻救赎小程序。

非商业和非营利的鼓吹者主要来自学界，所谓"靠贩卖理想主义，站着说话不腰疼"的那些人。在美国往往是左派、自由知识分子。温和一些的有哥伦比亚大学新闻学院的舒德逊（Schudson），激进一些的有伊利诺伊大学的麦克切斯尼（McChesney）。然而，此类主张往往得不到广泛的回应，即使在学界也声音稀落，多半原因是观念市场的思想根深蒂固。非营利新闻更是被市场控们所不屑，比如有相当数量的资深媒体人把主要靠慈善基金扶持的非营利新闻比作"创可贴"，只能解决皮毛之恙，而新闻业失血过多，需要大把的"灵芝草"来起死回生。那么，非营利新闻到底是"创可贴"还是"灵芝草"呢？

老实讲，在科技革命日新月异的今天，媒介生态瞬息万变，非营利新闻是"创可贴"还是"灵芝草"谁都说不好。然而，起码有两点是清楚的：首先，指望商业新闻来挽救新闻业从逻辑上、理论上和实践上都是行不通的；其次，既然商业的路子走不通，非营利新闻提供了一种可能，至少可以让我们换换思路，开开脑洞，不在一棵树上吊死。

非营利新闻作为一个可能的解决方案值得更多的关注、研究和讨论。公众为什么关心新闻业的危机和救赎？是真的关心一家商业报纸或者电视台、电台的生意好坏吗？不是的。公众关心的其实是新闻业的衰落带来的政治后果和社会后果。再说，

第9章
"创可贴"还是"灵芝草"：非营利新闻能拯救新闻业吗？

新闻的救赎也不可能通过市场来解决。新闻业提供的是公共服务和公共产品。从经济学理论上讲，公共产品是市场机制解决不了的，所谓的市场失灵。

市场与专业主义新闻格格不入

从理论上、逻辑上，商业同新闻专业主义的核心——公共性是冲突的。新闻从本质上讲是公共产品，所谓的观念市场是行不通的，这是经济学的常识。

按照经济学理论，有一类社会产品是公共产品，即不仅仅有益于消费者，而且自然惠及社会。公共产品具有消费的非竞争性和受益的非排他性。消费非竞争性是说，该产品重复消费的边际成本为零或几可忽略不计，不像一般商品，比如桃子，你消费了别人就消费不了，或者必须再买一个桃子；受益的非排他性是说，公共服务和公共产品不仅有益于该产品和服务的购买者，而且同时有益于他人和社会。比如说教育，全民教育程度的提高不仅仅有利于受教育的个人，更有利于整个社会的文明、稳定和进步。此类公共产品从道义上和操作上都不应该垄断，实际上也难以垄断，由此产生免费搭车或者说搭便车现象，多数人受益却由少数人埋单。这样的现象，就是所谓的市场失灵，市场无法调节，给予公平补偿，因此公共产品需要由公共开支来负担。

新闻产品符合公共产品的特征，比如说舆论监督，是全社会全民受益的,然而在现实的商业模式中却只有部分消费者负担。何况新闻的作用,有时是无形的,比如新闻监督的稻草人效应。稻草人效应是说由于新闻监督的存在,权力和利益集团不敢轻举妄动,从而避免或者限制了权力的滥用。新闻的稻草人效应适用的是道义逻辑、社会公益的逻辑,消防队闲着意味着没有火灾,同样,没有新闻才是好新闻,才是平安无事;而商业的逻辑是卖炭翁逻辑,心忧炭贱愿天寒。新闻如果遵循商业逻辑的话,灾难和战争就是好消息,家国不幸新闻幸,CNN就是靠伊拉克战争起家的。商业的逻辑就意味着猎奇和哗众取宠,唯恐天下不乱,这同新闻专业主义的宗旨显然是冲突的。

由此可见,新闻本身具有公共产品和公共服务的属性。需要强调的是:互联网特别是社交媒体的出现,使这种公共产品更加公共化,搭便车的现象更是难以阻止。因此,在社交媒体时代,专业主义新闻更不可能有可行的商业模式。

那么,也许有人会说,传统的公共新闻从哪里来的?普利策奖的公共服务奖颁发了那么多年,难道是徒有其名吗?不是从商业媒体孕育出来的吗?市场怎么就没有失灵?问题提得没错。但是,需要指出的是:历史上的公共新闻真不是商业模式的结果,对于此类公共产品,市场依然是失灵的,只不过被三个偶然因素掩盖了。这三个因素是家族制、捆绑或者叫打包销售、政府管控。当然,还可以算上政府的变相补贴。

在 20 世纪的大部分时间里,美国的报纸多是家族制,包括明星大报《华盛顿邮报》《纽约时报》等。家族制的一个好处

第9章
"创可贴"还是"灵芝草"：非营利新闻能拯救新闻业吗？

是东家已经拥有足够的财富，价值观、家族荣誉比多几个钱更重要，因此，在一定程度上就会遏制过度商业化，而把资本投到公共产品的生产上，这个不难理解，同做慈善是一个道理。捆绑销售的意思是说，一份报纸有多个版面，是打包整体出售的，消费者不可能说只买某一页、某个新闻，由此专业主义新闻（如调查性新闻）就可以搭售。政府的管控，指的是政府通过法规，来强制商业新闻机构生产公益新闻。比如说广播电视必须用一定的时间来播出公益性新闻节目。实际上，美国电视新闻在很大程度上是为了满足美国联邦通信委员会的规定而开办的。而政府也可以通过其他的手段来变相补贴，比如说通过邮局发行的优惠。

而如今这几项重要的条件已不复存在。报纸上市了，华尔街成了老板，资本的逻辑主宰了一切；捆绑销售也再无可能，网络时代，单个的新闻成为消费、分享的单位，无法搭售；美国联邦通信委员会也不再坚持要求商业媒体提供公共新闻服务。这三大条件的消失，使公共新闻失去了存在的基础。另外，邮局提供的优惠由于纸媒的发行下降而失去了意义。

如果再仔细考察一下，就可以发现：新闻专业主义同商业新闻的兴衰其实没有关系。证据之一就是，早在20世纪90年代，公众就开始不满商业新闻媒体对公共新闻的冷落，由此掀起了公共新闻运动（public journalism），而20世纪八九十年代正是美国商业新闻的鼎盛时期。也就是说，商业模式成功之日，却正是美国公共新闻失落之时。

在线 在场 在地
新闻的未来

也许还有人说,近两年,美国新闻业似乎出现了一定的复苏。是的,《纽约时报》《华盛顿邮报》《华尔街日报》《金融时报》等都有好的转向,然而,也不过是星星之火,没有燎原,总体经济状况仍不乐观,更值得注意的是:赢利的恰恰不是公共新闻产品。《华尔街日报》和《金融时报》服务特定富裕阶层自不待说,《纽约时报》最赢利的是什么呢,是菜谱,还有一个是拼字游戏。更令人忧心的是:作为美国民主支柱的地方新闻全线崩坍。笔者所居住的大学城,人口不到10万,有家百年日报,自从被甘乃特报业集团收购以后,从业人员已经从原来的近百人,降到了二十上下,连总编辑都被炒了鱿鱼,因为总编辑比较贵。裁人也不是因为报纸转型的需要,因为连数次获得新媒体新闻大奖的一个资深编辑也被开掉了,为什么,你摄影再好有什么用?报社完全可以雇用一个毛头小伙儿来弄照片或者视频,甚至干脆用读者拍摄的。假如你说,这样干不等于杀鸡取卵吗?恭喜你,答对了,人家就是杀鸡取卵来的。资方完全是在榨干最后一滴血,然后变卖资产走人。

退一步讲,即使现在新闻媒体的经济状况有大的改观,也不代表新闻专业主义的复苏。因为衡量的标准不是其利润的多少,而是其公共新闻的数量和质量有没有提升。

有人认为,现在的新闻总量是上升的,新闻消费成倍增加。这种说法其实是没有厘清专业主义新闻同信息的区别,专业主义新闻不仅仅是产品的消费,更是一种行为和公共服务,所谓三大使命:启蒙大众,监督权力,提供论坛。现在的状况是:

第9章
"创可贴"还是"灵芝草":非营利新闻能拯救新闻业吗?

遍地都是新闻(news),就是缺少 journalism,新闻专业主义严重荒漠化。

还有一种很有市场的观点认为,商业竞争才是创新的动力,非营利产生惰性,这实际上也似是而非,因为从商业竞争的历史来看,竞争可以优秀,但是,竞争也可以比烂,黄色新闻和便士新闻时代,就是比烂的竞争。非营利新闻的质量和创新完全不比商业模式弱,ProPublica 三获普利策奖就是例证。

新闻既然是公共产品,市场失灵,那么非营利也许是条正路。再有,公共产品和服务的非营利化,早有大量成功的案例,比如医院、教育等。国民经济中的许多非营利机构都非常强大,例如在美国,绝大多数医院是非营利的,90%的大学生在私立非营利或者公立大学读书。在新闻传播领域,有1846年就成立的美联社、美国国家公共电台(NPR),以及公共电视网(PBS)等。

非营利新闻的现状

美国非营利新闻的总体状况可以用两句诗来概括:"小荷才露尖尖角","新松恨不高千尺"。非营利新闻从 2005 年开始,不断涌现,著名的有全国层面的 ProPublica,州层面的威斯康星调查新闻中心(The Wisconsin Investigative Center),艾奥瓦州公共新闻报道中心(The Iowa Center for Public Affair Reporting),新泽西聚焦(New Jersey Spot Light),明州邮报网(Minn Post)

等。2009年,非营利新闻协会(The Institute for Nonprofit News)成立,旨在促进非营利新闻机构之间的合作。该协会目前有200多家会员单位。福特基金会(Ford Foundation)2012年为《洛杉矶时报》提供了100万美元的资助。2016年,麦克阿瑟基金会(MacArthur Foundation)决定五年内资助非营利新闻机构2500万美元。

美国非营利新闻机构的主要收入来源是慈善基金,此类慈善基金的捐款总额已达到5亿美元。据2018年的统计,该年度非营利新闻的收入有3.5亿美元。从收入构成来看,57%来自慈善基金,33%来自会员,广告和赞助不到3%,各类活动收入3%,其他4%。非营利新闻机构雇用了大约2200多名新闻工作者。

然而,目前慈善机构投入非营利新闻机构的钱相对来说还比较少。美国传媒业的年收入在600亿美元左右,2/3来自广告,剩下的来自发行。非营利新闻的体量非常小,ProPublica的全职雇员也就70个左右,年预算也就1000万美元。相比之下,《纽约时报》的年预算为2亿美元,雇员千名。

但是,非营利新闻依然有非常大的发展潜力。首先是,慈善基金不差钱,而这些钱总是要花出去的。在美国,百万富翁人数有1000万个,亿万富翁有540个,净财富有2.4万亿美元,所以,不是钱的问题,而是花到哪里的问题。历史上,卡内基资助建立了3000家图书馆,而支撑专业主义新闻绝对花不了那么多钱,每年3亿至5亿美元,就可以供养1万名新闻

第9章
"创可贴"还是"灵芝草":非营利新闻能拯救新闻业吗?

记者。

那么慈善机构为什么要支持新闻呢,简单一句话,因为二者的宗旨和目标归根结底是一致的,为民主,为民生。

非营利新闻面临的问题

非营利只是不以获利为目的,或者不要求商业回报,但并不意味着无条件奉送,不要任何回报。公益和慈善资金起码有两方面的期待。其一是大多数公益基金要求社会影响,即使不明确说要达到什么样的指标,花了银子也要听响,社会效益的期待是不言而喻的。然而,这份期待有可能同新闻专业主义的使命和价值不甚和谐甚至相左。其二,任何慈善基金,雪中送炭也好,锦上添花也好,总是希望喂奶以后,所资助的组织和事业本身能够自立。这样说来,无论慈善机构嘴上说不说,经济压力依然存在,甚至有朝不保夕的焦虑;社会效益也没有一个确切的定义和指标,是造成了某项政策的修订还是带来了阅读量的上升?而这些未必同新闻本身的质量有直接关系。

还有,此类非营利媒体的受众面很窄,成了精英媒体,其公共性因而也就有所折扣。

当然,如果站在美国左派知识分子的立场上,非营利新闻虽然比商业新闻可取一些,但是从根本上也是体制的一部分。因为无论基金也好,慈善机构也好,从根本上讲,依然代表既得利益者的立场和视野,不会触及根本的社会问题和政治问题,

125

也不会挑战固有的权力结构。左派的批判当然有道理，但是，左派的一个问题是常常把批判当成自己的旗帜和标签，否定一切，如此，批判很容易成为玩世不恭。公益和慈善资金往往是戴着帽子下来的，会偏重该慈善组织或公益机构所关注的问题，而这些问题侧重中产或者精英阶层，而对于普遍存在的——特别是中下层的社会问题，往往忽略。然而，这个问题不是非营利新闻才有的问题，商业新闻同样有这样的问题。

另一个重要问题是新闻的独立性。在传统商业模式中，鉴于新闻价值观和传统，独立性在一定程度上能够得到资方和管理方的认同和尊重。在非营利新闻所依赖的慈善机构中，管理方对新闻独立性没有那么大的认同。公益基金的管理又不受监督，因此，从这个意义上说，在某种程度上，非营利新闻的独立性也许还不如商业模式。

虽然非营利新闻代表了一个可行的途径，但是，要发展壮大，除了钱的问题以外，还有各种阻力。首先，美国人崇尚观念市场，尽管这个观念市场在逻辑上和实践上都有问题，因为市场的本质并不是竞争而是垄断，是不平等。产品是这样，思想更是这样，好的思想不一定能在市场上卖个好价钱。其次，美国公众对于任何组织特别是政府权力介入新闻有本能的警惕和抵制。

美国的非营利新闻作为一个超越传统市场模式的存在，还没有形成一个可以克服商业新闻弊端的模式。目前可以改良的方面有：尽量争取资金来源的多元化以实现可持续发展，独立

第 9 章
"创可贴"还是"灵芝草":非营利新闻能拯救新闻业吗?

性的问题可以通过慈善基金投入的宽松化逐步解决。应该明确的是:非营利新闻,也应该以创新求进取,而不是承接过去的老一套,等、靠、要,坐吃山空,过分依赖基金的施舍。明尼苏达州的明州邮报网(Minn Post)就有意识地逐渐减少了对基金的依靠,如今基金的投入大概占到20%,剩下的来自个人和组织的捐助,外加其他收入,比如广告、赞助等。

另外一点需要注意的就是尽量避免非营利新闻的精英化。旧金山的《旧金山公共新闻》就自称是工薪阶层的《华尔街日报》,原则上不登广告或者不接受商业赞助。它所关心的再不是商业广告的目标客户,也不是衣食无忧的社会精英,它的报道自然就会触及普通老百姓生活:比如无家可归者,城市发展开发,健康保险,环境污染等,为普罗大众提供高质量的信息服务,服务公民,而不是消费者。

从整个新闻生态来看,目前应该是多种模式并存,相互促进、相互平衡、补充的探索的过程,而非营利新闻大有可为。

第 10 章

从人文到技术：新闻的量化转身

同新闻由人文向科学的转身一样，新闻的量化转身当然离不开大的时代背景，这个背景便是社会的数据化。个人和社会行为量化为可以监视和操控的数据。量化后的数据是对现实的再造，而不仅仅是对现实的描述，而这个数据再造的现实往往取代了真实的现实。社会逐渐依赖于量化的数据，而不是由质性的道德价值取向来决策，并且使政策和行为合法化，以此来重新定义社会关系、政治话语和文化。

第10章
从人文到技术：新闻的量化转身

20世纪90年代，美国麻省理工学院教授、媒体实验室创始人尼葛洛庞帝出版了互联网时代的圣经——《数字化生存》(*Being Digital*)。① 其中心思想是说世界正在由传统物理的原子时代进入比特时代，世界万物皆可也必将彻底比特化，开始数字化生存。虽然庞帝有关互联网未来的预言有些过分乐观，比如互联网对民众的赋权功能，但数字化生存却是在不折不扣地发生，而且超越了原有的想象。以互联网、社交媒体、算法和人工智能为代表的数字革命迅疾深入社会生活的各个层面，深入人的身体，成为社会的DNA和神经。加上基因工程技术的加持，可以毫不夸张地说，数字化生存正蜕变为数字化生命（digital being），进而关乎一个终极问题：何以为人。在这个过程中，大数据、算法、人工智能同政治、资本、文化等诸多势力、利益缠斗在一起，犹如在鏖战一盘很大的棋。恐怖的是：这是一盘玩家不确定、规则随时改变的棋，当局者迷，旁观者也不清，一切都在不确定之中。面对大动荡，人心难免惶惶。

---

① Nicolas Negroponte, *Being Digital*, New York: Alfred A. Knopf, Inc., 1995.

在线 在场 在地
新闻的未来

不过，硅谷的精英却身心振奋：不用纠结什么不确定，没有规则，我们创造规则；没有未来，创造一个就是。但是，我们不是弄潮儿，我们这些正在被变成比特的芸芸众生只能活在当下，在自己的一亩三分地耐受时代的沧海桑田。就笔者本人来说，依然纠结于数百年未遇之大变局中的新闻（journalism），一如诗人海子在《今夜我在德令哈》中说："姐姐，今夜我不关心人类，我只关心你。"

我们关心新闻的现在与未来，不仅仅是出于专业兴趣，更要紧的是，即使在智能时代，新闻对于社会、个人的生存和生活是何等重要。相信在经历了新冠病毒的肆虐之后，大家会有切身体会。

关于新闻业的困境、转型等方面的讨论，有不少热门的话题。从前些年的媒体融合、付费墙、社交媒体、公民新闻，逐渐归结到数据新闻、计算新闻、算法新闻、智能新闻、自动化新闻等。如果静下心来，跳出就事论事的圈子，审视这些热门话题的共同点就会发现：以数字和计算为核心，新闻正在进行一场量化的转身。其实说新闻的量化更简洁，之所以要加上"转身"两个字，是想强调这量化并非一个静止的状态，而是一个过程，需要一个历史的视角来考察。

所谓新闻的量化，笼统地讲，就是新闻理念和实践、生产和消费被测量和算法主导。首先来说，新闻生产的生态环境已经量化，社会在飞速数据化，由此，新闻报道的对象量化，新闻的呈现量化，新闻的传播和消费更是彻底地量化，以前的受

第10章
从人文到技术：新闻的量化转身

众是个体的人，而今的受众不过是即时的数据点。更根本的问题在于：媒介融合更加深入，超越了技术的进步，技术、经济、新闻专业主义等融合在算法的麾下，一切皆可测量，一切皆为数据。阿基米德说："给我一个支点，我可以撬起整个地球。"今天则可以说，给我技术，我可以测量、算计、控制整个世界。这不但是新闻实践范式的转变，而且是学术范式的转变。一旦可以测量任何东西，可以有足够多的数据，谁还需要什么理论？理论存在的意义正是因为不确定性，当一切都可以直接测量，一切都以通过技术设计来完成，所见即所得，还需要理论去假设、验证什么呢？

以下，我们首先从历史的角度，梳理一下新闻的两次大的转身，即从人文到科学，从科学到技术；其次，讨论一下新闻量化的表现与后果。需要说明的是：所谓"人文""科学""技术"，是为了表述方便而贴的标签，是指新闻理念和实践发生某种倾向性转变，进入正统主流新闻机构并且常态化。然而，并不是说转变是替代，量化就一定会丢掉人文，但量变到质变也可能是大概率的存在。

人文到科学的转身

常说文史不分家，同样地，新闻也派生于文史的根。当然，这个根刨到何时何地，取决于新闻如何定义，具体指的是新闻事件（news），还是新闻事业（journalism）。远，在西方可追到罗马，在中国则可追至大唐。一般认为，汉语的"新闻"一词最早出现在初唐，证据是唐人孙处玄"恨天下无书以广新闻"的感慨。其实，这句话与其当作新闻的开端，还不如理解为在初唐新闻事业还没有出现，不要等到晚唐的官报和宋的邸报。

不过，这里讲的是现代意义上的新闻，不是新闻事件（news），而是新闻事业（journalism），大致应该从17世纪算起。古登堡发明印刷机以后，报纸和杂志不再是官府和权贵的奢侈，旧时王谢燕，飞入百姓家。在此之前，人口中识文断字的是极少数，唐宋盛世，据估计识字率不超过20%，欧洲16世纪的识字率仅有11%。18世纪后半叶，欧洲的识字率达到了60%，为大众传播时代新闻的发展奠定了群众基础。随便提一句，中国到20世纪80年代初，识字率也不过65%。

更为重要的是，新闻的思想理论基础开始奠定，其标志当是约翰·弥尔顿的《论出版自由》。弥尔顿首先是伟大的文学家，其《失乐园》可谓英国诗歌的丰碑。当然，新闻思想的萌芽并不代表新闻实践的开始，这要等到另一个英国大文学家的出现，那就是笛福。笛福在1703年写就了《暴风雨纪事》，记述的是亲历者的真人真事，所以一般把笛福作为现代新闻的鼻祖。笛福首先是以小说闻名于世，《鲁滨逊漂流记》就翻译的语种数量来讲，仅次于《圣经》。

18世纪英国的殖民地美国，新闻业尚在发轫阶段。新闻纸不过是印刷店老板随手印的副产品，而这时期的新闻先驱如托马斯·潘恩、富兰克林等，做新闻靠的是自己的文学天分和生

第10章
从人文到技术：新闻的量化转身

活阅历。新闻无非是政治斗争工具，所谓文人办报，政治家办报，铁肩担道义，辣手著文章。

到19世纪，世界文学发展到顶峰，担负起塑造、巩固和发展民族气质和性格的任务，而新闻业也相应进入繁荣期。文学与新闻的血肉联系，从几个如雷贯耳的名字就可以体现，记者出身的大文学家包括狄更斯、马克·吐温、惠特曼等。

在19世纪30年代以前，新闻文学性突出，而现代新闻的核心观念和实践体系尚未形成。19世纪30年代起，新闻开始在文学的根子上长出了自己的枝蔓，逐渐从理念上和风格上，形成自己的个性。这个转变的推动力是传播科技的发展，如美国传播学家凯瑞所论述的那样，电报的发明对新闻作为一个行业和文体产生巨大影响。电报使新闻脱离了时间和空间的限制，开始真正"新"起来。而在文体上，电报要求简洁，不可文采飞扬，因为多一个字多一份钱，由此逐渐形成了电讯体，新闻报道也开始倒金字塔，而文学性退居二线。通讯社稿件为了市场，需要照顾不同党派、政治倾向的媒体，而不得不寻求平衡。新闻从一开始的文学家和政论家依据道听途说的雄辩，开始过渡到第三者的事实报道。记者实地采访，把消息源带入叙述，形成了新闻体，日久天长，渐成性格，新闻终于从文学的根子上自立门户。不过，应该着重指出的是：究其根本品质，新闻依然是人文传统，一直到20世纪初，出现人文到科学的转身。

这里所说的科学，泛指以实证主义为基本理论范式和方法论，是广义的科学，包括而且主要指的是社会科学。

在线 在场 在地
新闻的未来

新闻这个转身可以说得益于天时地利人和。天时乃政治、社会环境，工业革命后科学的日新月异，民主政体的建立巩固。地利是美国世界领导地位开始形成，美国新闻业在内战以后逐渐同欧洲新闻传统分离，形成了以客观、中立为核心的新闻理念和实践程式。19世纪与20世纪之交，新闻开始登堂入室，进入大学殿堂。人和也是一个关键因素。第一次世界大战以后，特别是20世纪30年代后，大量欧洲科学家、社会科学家移民美国，而许多社会科学家都对大众传播有着浓厚兴趣。社会学家马克斯·韦伯（Max Weber）就是记者出身。他认为，新闻记者不但要有文学的天赋，还应该有术业的专攻，应该是社会科学家。美国著名社会学家、芝加哥学派创始人帕克（Robert Ezra Park），年轻时也做过新闻记者。[1] 有意思的是：帕克的故乡，正是笔者所在的美国中西部的明尼苏达州，一个名叫红翼（Red Wing）的小镇。这个小镇生产著名的"红翼"牌劳保靴。如今提起这个小镇，估计人们想到的是酷靴而不是帕克。在师从经验主义大师杜威之前，帕克在报社干了11年。[2] 美国新闻传播界的大咖李普曼就更不用说了，被誉为美国最优秀的、最有影响力的记者，两获普利策奖。舒德勋称他是美国新闻学之父，凯瑞赞他是美国媒体学的奠基者。

---

[1] Cecillie Gaziano, "Robert Ezra Park: His Theory of News, Public Opinion and Social Control", *Journalism & Mass Communication Monographs*, No. 64, November, 1979.

[2] Lary S. Belman, "Robert Ezra Park: An Intellectual Portrait of a Journalist and Communication Scholar", *Journalism History*, Vol. 2, No. 4, 1975, pp. 116–132.

第10章
从人文到技术：新闻的量化转身

新闻向科学的转向还有赖于一个特别重要的人和。新闻进入大学后，其学科建设的主导者的学术出身多为社会学、政治学或者心理学，这对于新闻学术乃至业务的影响具有决定性的意义。师承关系至关重要，徒子徒孙，开枝散叶，天长日久，渐成气候，为新闻从人文到科学的转身提供了导向和学科支持。新闻的理念可以说是一种意识形态，而这个意识形态自此归依于社会科学的价值体系。这个改变微妙却重要。比方说，人文传统多半注重你文章写得漂不漂亮，而科学取向则往往会问你是否科学、客观。

思想上、人才上的准备以后，最根本的是社会需求。从20世纪初开始，总统和议会选举的民调成为热门，公共舆论至关重要。与此同时，科学、医学、环境问题开始同普通人的生活息息相关。由此，到20世纪六七十年代，美国新闻可以说完成了由人文到科学的转向。必须再次讲明的是：不是说有了科学就没了人文，说唐诗宋词，不能说宋代就只有词而没有诗，宋代也有苏轼、陆游。只是说一个时代有一个时代的气象。正如舒德勋所说，记者究竟应该是科学家或者艺术家其实并不重要，重要的是价值观和职业认同。科学认为世界是客观的、可知的，是现实主义，通过事实说话，因而新闻求真为第一要务；人文的根本不是求真而是审美，所谓的人文到科学说的是这层意思。

当然，对于这个科学的转身也有成规模的修正或者反抗，比如20世纪60年代的新新闻、文学新闻等。

在线 在场 在地
　　新闻的未来

量化转身及其后果

随着统计学在社会科学中的广泛运用，随着计算技术的发展，从菲利普·梅耶（Philip Meyer）倡导的精确新闻[①]，到计算机辅助新闻报道，记者开始从数据中发现和呈现新闻，新闻业逐渐开始了量化的转身。这个量化的转身，也可以说是从科学到技术的转身。在科学思想范式确立以后，技术开始在新闻生产和传播中发挥更为直接和关键的作用。大家都知道，科学与技术不同，简单地讲，科学是世界观，是基础理论，而技术是应用，科学为体，技术为用。

同新闻由人文向科学的转身一样，新闻的量化转身当然离不开大的时代背景，这个背景便是社会的数据化。所谓社会的数据化，粗略地说，就是个人和社会行为量化为可以监视和操控的数据。量化后的数据是对现实的再造，而不仅仅是对现实的描述，而这个数据再造的现实往往取代了真实的现实。作为社会生活中的人，一举一动都在被测量和评估。数据化的社会没有公开与隐私之分，没有前台和后台之别。某种程度上，尼葛洛庞帝的数字化生存，成了数字化的被生存。数据化的人甚至可以脱离人的本体而存在，所谓虽死犹生，因为你的各种数

[①] Philip Meyer, *Precision Journalism: A Reporter's Introduction to Social Science Methods*, Fourth Edition, Lanham, MD: Rowman & Little Field, 2002.

第10章
从人文到技术：新闻的量化转身

据依然在，即使不影响到你，也有可能影响到你的亲朋好友、子孙后代。也许有人会说，少用或者不用社交媒体不就行了？这话说都不要说，微信的学生家长群，你敢不参加？

而量化已渗透到新闻生产和消费的各个过程和层面。首先涉及的是新闻的本体，即新闻是什么。以前我们说新闻是对客观事件的报道，先事件，后新闻；而今天则可以从电脑里挖新闻，可以通过预先安置的传感器传回数据，由电脑程序生成新闻。新闻采访从19世纪70年代出现以来，可以说是新闻生产的核心，因此新闻人常说"跑"新闻，而现在的新闻可以没有事件，没有采访，没有消息源，真正成了"做"新闻了。

社会数据化意味着新闻报道对象的数据化，自然也影响到内容的呈现方式，比如数据可视化。就新闻写作方面，也影响到新闻的语言。当然，这也不是什么新鲜事，历史上每次的技术发展都对语言产生重大影响，比如说电报使语言简洁，减少了修辞，而今天的交流则使用各种表情符号。同时，搜索引擎和算法的优化无形中鼓励了某种语言或者符号的发展，使之更有利于量化和计算。

在传播和消费层面，更是以算法为中心。当然，消费行为的测量和量化由来已久，比如纸媒的发行量和广播电视的收视率。但是，传统上的量化由于各种技术限制，只能通过统计学方法来进行，很难多维度地采集实时监控数据。而数码平台的量化可以实时检测、跟踪，同受众直接互动。

从管理上，通过量化来决定报酬，量化作为管理的手段，成为评价新闻业务的指标。

同新闻从人文到科学的转身根本不同的是：以前的转身，依然是新闻人在主导，人文依然是中枢神经。而现在，这个量化转身不是由新闻人主导，是资本主导，技术推动，数据和算法成为新闻的灵魂。

当然，量化也是社会进步和发展的需要，在社会生活中发挥着极其重要的作用。新闻的量化也可以使报道更深入，完成传统上无法完成的复杂项目。例如，2016年巴拿马文件有一千多万份文档，如果没有计算机大数据的处理，根本无法想象。这些益处自不待多言，需要特别关注的是新闻量化带来的负面后果。

首先来说，新闻具有公共产品和商品的双重属性，但是量化的根本是商业和市场导向，新闻的本质是人文、道义，当量化成为其灵魂，成为内容和目的，势必同新闻的价值观产生不可调和的冲突。

笔者在讨论数字革命对新闻生产的影响时，曾套用了马克思的一个观点，即资本主义的一大弊端是生产资料同劳动者的脱离。传统新闻媒体特别是成为上市公司以后的新闻媒体，其生产资料为资本所控制，新闻人和受众都不掌握生产资料。新媒体革命的一大功绩是可以使普通人通过一个手机和电脑成为新闻生产资料的拥有者，成为新闻信息的生产者。现在看来，这种美好的赋权可能只是昙花一现。如今数据成了最为重要的生产资料，而这个生产资料拥有者的非权即贵，不是消费者，

第10章
从人文到技术：新闻的量化转身

也不是新闻工作者。在某种程度上，新闻同新闻工作者的创造性劳动分离，同消费者的直接感性经验分离。

当然，量化本身不是问题，问题的要害是量化成了理性和客观的代名词，被赋予天然的合法性。然而，量化的只是你可以看到的，或者说选择看到的。记得在大学上研究方法课，教量化方法的老师讲：世界上之所以那么多的未知，一是因为定义，二是因为测量，只要能定义能测量，就可以回答所有的问题。而教质化方法的老师则强调：凡是能测量的，多半不重要，意义无法量化，而量化的数据没有政治、文化、经济等背景解释系统，没有意义。一滴水在空中是雨，落入地面或成江河湖海，而到杯子里则可能是茶或咖啡。

新闻量化必然造成文本高度程式化，这是智能和自动新闻的必然条件和结果。而新闻毕竟是讲故事的，而故事化的根本是人性化。就像大家常说的那样：新闻的根本在于人性，一万个死亡数字，不是死了一万个人，而是单个人死了一万次。

量化作为一种管理手段和评价标准，同专业主义的以品质为导向相冲突。新闻的专业性，传统上是通过制定行为的专业标准来做价值评估，例如通过行业协会的守则来约束，通过各类奖项来鼓励和引导，而这个专业标准是以社会影响、公共服务，以及道德、伦理而不是量化的市场指标来评判的。《美国职业记者协会守则》的四大准则：追求真实、减少伤害、独立行动、透明负责，哪一条可以量化？

新闻的量化更大的问题是对公众的背叛。是的，通过社交

在线 在场 在地
新闻的未来

媒体，新闻增强了参与度，然而，讽刺的是，从表面上看是读者的个性化选择，而实际上，受众的参与越多，为自己挖的坑就越深，受众的数据成为变现的商品，人成为数字，量化的过程就是一个物化和商品化的过程，被人卖了还帮着数钱。

当然，这个问题不仅仅是新闻的问题，而是整个社会数据化的问题。社会逐渐依赖于量化的数据，而不是质性的道德价值取向来决策，并且使政策和行为合法化，以此来重新定义社会关系、政治话语和文化。整个社会标准化、程序化、可计算化，最终量变到质变，技术取代了人本身，质的多样性变成由数据决定的不平等。从来没有像今天这样整个世界被少数几个平台来测量，来确定生存的意义和价值，从来没有像今天这样由少数几个私人拥有以商业为目的的平台成为公共知识的生产者、管理者和提供者。这，细思极恐。

第 11 章

老谋何以深算？计算新闻的是与非

计算新闻通过数据采集、挖掘、整理和处理，进而呈现证据和结论。计算新闻在传统的新闻中立上进了一步，直接让证据说话，有点直接揭示真相的味道。但是，算法最为人称道的而且最被广告商看中的是数据驱动的新闻消费个性化。这种个性化推荐，同以往的个人定制不同。个人定制仍然是读者的主动行为，而个性化则是根据算法推出的。其过滤的结果必然是人们只选择爱听的、顺耳的，人人都"躲进小楼成一统，管他冬夏与春秋"，结果必然是一个个井底之蛙。如果说新闻专业主义的灵魂是公共服务，那算法主导的计算新闻正在把大众媒体变成个性媒体，当同样的事实，推送给每个人时变成不同的故事，社会共识如何形成？

在线 在场 在地
新闻的未来

21世纪以来的新闻业，风雨飘摇。数字革命所引发的媒介生态的改变，使新闻业严重水土不服，遭遇了前所未有的生存困境。利润没了，受众跑了，广告这块蛋糕被硅谷新贵谷歌、脸书等搜索引擎和社交媒体吞食殆尽。当然，科技革命颠覆的不单是新闻业，整个世界都在改变，包括人本身，君不见千禧宝宝新人类、新新人类乎？那为什么新闻业叫得这么凶呢？道理简单：整个世界都在媒介化、信息化，新闻和传播乃关键的关键，何况新闻业还被认为是西方民主制度的基石之一，号称第四权力。

所以，在欧美国家，新闻业的救赎有点像一场悲壮的民族救亡运动，业界在喊："我快完了！"学界回应："给我顶住！你完了，民主（我的论文）怎么办？"从世纪初喊到现在，无奈城陷寨塌，丢盔丧甲，而整个世界都醉在了手机里，只见狼烟，不见救兵，坏消息像俗话中继父的巴掌，不折不扣。

当然不乏坚守的勇士，祭出各色旗帜突围：公民新闻，慢新闻（slow journalism），正面新闻（positive journalism），建设性新闻（constructive journalism），和平新闻（peace journalism），

第 11 章
老谋何以深算？计算新闻的是与非

感性新闻（affective journalism），等等。各面旗帜下的新闻实践，因对新闻理念的强调有所不同而各有千秋，但万变不离其宗，那就是对新闻专业主义理念的认同和坚持。但是，目前看来，摇旗呐喊的基本为小股义勇军，而非主流的体制新闻业。主流新闻业当然也强调传统的重要——它自己就是传统，但火烧眉毛的是生存，是商业模式，于是乎都在忙着设计和建设付费墙。然而，虽然非主流和主流的救亡调子和路径不同，商业和专业之间多有龃龉，难以同心同德，但有一点是共同的：那就是无论什么样的新闻，无论什么样的商业模式，无论什么样的旗帜，都需要专业的新闻人，坚持专业主义的根本是人，有了人，才谈得上商业模式，才谈得上转型。

然而，媒体转型方向都还没搞定，一个更具颠覆性的挑战横在了面前，这便是算法，以大数据、机器学习和人工智能为核心的计算新闻（computational journalism）。

计算新闻数年前还是个时髦，现在几乎成了常规。其实从历史上看，计算新闻也不能算是一个突然闯入的愣头儿青，精确新闻、计算机辅助报道、数据新闻等，都应该是计算新闻的前辈。然而，当算法羽翼丰满，开始渗透到新闻生产、消费的各个环节，特别是人工智能登台唱戏的时候，人们突然意识到：算法更像个潜伏者，时机一到，开始威胁到新闻人的主体地位。原以为算法是来救命的，没承想人家是来喧宾夺主的，搞来搞去，新闻人自己的饭碗都没了。曾几何时，大家一直在为社交媒体的入侵而耿耿于怀，却忽视了算法——这个躲在后面的

在线 在场 在地
新闻的未来

黄雀。

无论从哪个角度看,计算新闻对传统新闻理念和实践的冲击将是空前的、颠覆性的。比如说,客观与主观等的争论似乎变得很无趣,试问新闻人都成了客体,还谈什么主观?新闻还是人做的吗?传统新闻这个"老谋",究竟该如何"深算"?

道可道:计算新闻的名与实

老子曰:道可道,非常道;名可名,非常名。这句话由于断句、理解不同,歧义多多。一般的解释,是说道可以表述,但不是一般理解得那样浅薄,也就是说要透过现象看本质,看影响、看后果,从亚马孙河流域的蝴蝶看到太平洋上的风。对计算新闻似乎也应该是做如此的考察。

何为计算新闻呢?社会科学的定义,不像自然科学那样干净利索,可以简洁明了成一个定理和公式。就计算新闻来说,定义有多种,每个定义都左右于定义者本身的立场和学科背景,所以容易纠缠不清。因此,我们不去纠结定义是否科学严谨,只看表述是否顺口顺耳。老话说名正言顺,这句其实也可以倒过来,言顺名正,言顺了,可以清晰表达了,那就证明我们的理解大致不差。

先说算法,算法即是用数学方法为解决特定问题或者达成特种结果而设计的系统步骤。计算新闻学,顾名思义,就是算法在新闻中的应用。但是,算法新闻不仅仅是算法的工具化。

第 11 章
老谋何以深算？计算新闻的是与非

算法新闻学应该表述为两句话：头一句，用算法做新闻；第二句，做关于算法的新闻。

笔者还非常喜欢计算新闻学大拿、美国西北大学教授狄克帕洛斯（Nicholas Diakopoulos）的定义。他在最近出版的《自动化新闻：算法如何改写媒体》一书中写道："Computational journalism is information and knowledge production with, by and about algorithms that embraces journalistic values."[①] 这个定义巧妙地套用了美国前总统林肯的名句：民有，民治，民享（a government of the people, by the people, for the people），这里照搬了英文，因为中文翻译实在不好"信达雅"，意思大致是说计算新闻是运用认同新闻理念的算法进行信息和知识生产，以及关于算法的报道。With 就是算法在新闻生产和流通中的运用；By 指的是新闻自动化，机器人写作；About 是关于算法的新闻报道，算法是工具，也是对象，采用的主要手段为逆向工程，就是在算法不明的情况下，从结果来进行逆向推导，从而发现问题和偏差。沿着狄克帕洛斯教授的意思，我觉得一个更为简洁的英文定义可以是：journalism with, by and about algorithms。如果非要对应中文的话，可以牵强称之为"算法成为对（队）友、对手和对象的新闻"。队友是运用算法来做新闻，对手就是计算机写稿子，抢新闻人饭碗，对象自然是关于算法的报道。

---

① Nickolas Diakopoulos, *Automating the News: How Algorithms Are Rewriting the Media*, Cambridge, MA: Harvard University Press, 2019.

在线 在场 在地
新闻的未来

限于篇幅，这里主要讨论队友和对象这两大块。智能新闻涉及的问题更多更复杂，需要专文深入。

上面的定义和解释应该比较清楚了，然而，定义毕竟是定义，不一定是现实，那我们不妨落到地上，照录一则计算新闻的招聘启事。

招聘单位是大名鼎鼎的 Propublica，数字新闻界的标杆，单是普利策奖就拿了三次，三次都是大数据驱动的调查报道。我们看一看他们对这个职位有着什么样的想法和要求：

职位：计算新闻记者

诚约隐形算法和社交平台记者加盟。有新闻工作经验者，欢迎；更鼓励有量化研究，包括统计学、数据科学、机器学习背景者申请。须懂编码。

职责：

1. 编程，分析数据偏差和危害。

2. 反向探求数据黑箱。

3. 撰写方法论，向专家和公众解释分析过程、结果。

4. 同其他同人一道进行选题、数据获得、整理、检测和纠错。

5. 整理数据，包括非结构性、杂乱无章的数据。

6. 扒网站，包括不好扒的。

能力要求：

1. 数据新闻工作经验，或者在学界、研究机构做过统计和科学数据分析工作。

2. 熟悉软件语言，在设计和新闻专业方面有提升的空间和兴趣。

3. 新闻判断力。

4. 思维清楚、写作能力。

5. 细节和创新能力。

6. 独立工作能力和自我约束力；团队精神。

7. 熟练掌握数据分析工具，例如数据库系统管理，统计软件，Excel 等。

8. 本科以上，研究生加分。

这个职位看中数据能力，基本是理科生的要求，但是也强调了写作能力。总结起来，就是左能写代码右能写新闻，要的是"双枪陆文龙"，而有没有新闻背景倒在其次了。这样的新闻人，当下的新闻学院恐怕还培养不出来。

应运而生：计算新闻学的异军突起

计算新闻的兴起可以说有天时、地利，至于人和不和，要看谁来说，所以先不说人和。

首先，人类社会进入了数字时代，一切都在被媒介化，吃喝拉撒睡，工作、学习、点外卖、谈情说爱，都离不开媒介，没有钱包坦然出门，不见手机坐卧不安。媒介化的自然伴生物

在线 在场 在地
新闻的未来

就是海量的、空前的人类和自然大数据。理科生说：当数据无所不有的时候，世界无非就是个算法，想想蛮有道理。麦克卢汉说：鱼不知道自己是湿的，确实，大数据不知不觉已经把我们这些鱼儿淹没。

当然，仅仅有数据也是不行的，有了"瓷器活儿"，还要有"金刚钻"。这个"金刚钻"就是计算能力的飞跃。别的不说，想象量子计算机吧。

当然，不是说有了什么，有了什么能力，就一定非要去做，比如有了核武器，也不能去毁灭地球，还要有正当性、必要性和紧迫性。

信息爆炸，从互联网算起，都炸了 30 多年了，无限的信息，有限的大脑。单说新闻，一家日报几百条，美联社每天的原创新闻有 15000 条。YouTube 上每分钟上传的视频总时长有 72 小时，视频总量超过了整个 20 世纪生产的所有视频的总和。推特每天有 4 亿条推文，即使你只浏览百万分之一，你也要看 400 条。

另外，人们的阅读趣味本来就是多种多样，在互联网出现以前，新闻信息大一统，新闻定制、新闻的个性化难以实现。而今，算法可以精确地计算并且推荐给读者需要的新闻和信息。

同样，大数据时代的新闻生产也迫切需要算法来挖掘数据，处理数据，发现新闻，呈现新闻。

人们的生活越来越被算法决定，而算法呢，看起来是客观、公平的数学公式，但是，这些算法公式却不是自然生成，任何编码的过程都涉及主观判断，涉及价值观、信仰、态度等诸多选择。何况人类世界有许多事物和价值是无法量化的，例如人的生命权、道德、尊严。虽然在保险公司里，在医院的急诊室，无数不可量化的东西都被变成了数字。一句话，算法和数据就是权力，而监督权力是新闻的天职。

新闻的算法和算法的新闻：算法和新闻生产

通常来说，算法有四项基本功能：

1. 优先；
2. 归类；
3. 关联；
4. 过滤。

这四种功能，参与甚至驱动了新闻生产、消费的各个环节。

首先，选题阶段。传统新闻不是靠新闻稿，就是靠爆料。现在则可以通过算法从数据中发现新闻。而新闻的确定也主要由反馈数据驱动，受众何时何地喜欢、分享了什么样的新闻和信息，都一目了然。

传统的新闻生产，选题确定以后，收集材料，主要靠采访，所谓"纸上得来终觉浅，绝知此事要躬行"。不能 talk the talk，而是要 walk the walk，大白话就是要"迈开腿，张开嘴"。而现在，材料可以从数据中获得，通过对数据的处理和呈现，来诠释问题。

在线 在场 在地
新闻的未来

2016年普利策奖的调查报道依据的是著名的"巴拿马文件"。"巴拿马文件"涉及3150万份档案，在国际调查记者联盟的协调下，集中了全球400多位调查记者的聪明才智，最终完成了4700多篇报道。这些调查报道，直接导致了不少权贵政要的倒台，包括爱尔兰首相和巴基斯坦总理。如此浩大的工程，在传统新闻时代是无法想象的。记者利用计算技术、OCR自动识别技术等，把这些文件整理出来，建立索引数据库，从而使这些死记录变成了活材料，30台计算机连轴处理，才将那些深藏于庞杂数字中的黑箱交易揭露出来。许多重大的调查报道就是这样通过计算技术扒出来的。有句老话说得好，所谓新闻就是被人试图掩盖的东西。道高一尺魔高一丈，新的技术同样可以用来将违法犯罪的痕迹伪装深埋，没有算法，基本不可能发现。

在新闻的呈现阶段，算法的优势更是明显，比如数据可视化。

在新闻的消费环节，各种推荐基本控制了我们每天的阅读。

算法的清算：计算新闻的是与非

算法新闻的亮点有哪些呢？

首先挑战了传统的新闻观。比如说什么是新闻？教科书说新闻是对过去以及即将发生的事件的报道，也就是说先有事件，后有新闻。而算法新闻则可以从数据中"无中生有"。换比较

第11章
老谋何以深算？计算新闻的是与非

学术的讲法就是：传统新闻是反应式的，而算法新闻是主动和能动的。

计算新闻学通过数据采集、挖掘、整理和处理，进而呈现证据和结论，这个同传统新闻的理论和实践有着根本的不同。传统新闻秉承客观中立，通过消息源多方描述和验证事实，自己不下结论，而是让读者去判断是非曲直；计算新闻在传统的新闻中立上进了一步，直接让证据说话，有点直接揭示真相的味道。

教科书说新闻要"新"，所以说要抢新闻。先前说社交媒体时代，人人可以做记者，新闻记者快不过当事人，还是绕不过一个"新"字。计算新闻的个性化新闻体验，在某种意义上超越了新闻的时间性，新闻不再是不发表就发霉（publish or perish）。因为每个人的新闻是不同的，新与旧变得不那么重要，只要这个新闻你没看过，只要对你有用、有趣、有关，那它就是有价值的新闻。

算法有助于新闻的专业性。目前，由于社交媒体的兴起，新闻的消息功能被消解，因为受众可以从无数非新闻渠道获得信息。新闻业的价值在于分析和阐释，利用算法来揭示隐藏的关联。

算法可以减少大量简单重复性劳动，使记者拥有更多的时间致力于事实的验证、解析和传播，同时也降低了成本。从这一点上讲，算法新闻从理论上有助于深度和调查报道。之所以说理论如此，因为在实践上未必可行。据美国调查记者编辑协会的统计，一篇调查报道平均需要六个月的时间来完成，成本高，风险大。事实也不容乐观，虽然有算法的协助，全球调查报道量同十年前相比下降了一半还多，而已有的调查报道多半是非市场行为，比如说非营利新闻机构的报道，或者是为了普利策奖。

算法新闻有哪些值得警惕的问题呢？

首先是新闻的独立自主被削弱。从开始的数据驱动，到现在的人工智能、机器人写稿，新闻人的主体地位在逐渐丧失，算法已经有些喧宾夺主，以后恐怕会得寸进尺，反客为主。也许有人说，无论什么样的算法，总是人在背后编码。这话没错，然而，所谓主体性，不是什么人掌控新闻都可以成为主体性，当算法都被硅谷编码员控制时，新闻的主体性、专业性难道不是问题？

其次，数据本身并不无辜和干净，无论什么样的数据，都是社会政治经济的产物，因而必然带有这个社会的所有弊病，甚至还创造了新的歧视和不平等。比如说美国的健康数据，肯定是有益于中产阶级以上的富有阶层，因为穷人看不起病，因而关于穷人的健康医疗数据就很少甚至没有，根据这样的数据算出的结果，势必影响到政策、资源倾向性。比如说，医疗资源会更多用于富贵病而不是营养不良。

算法最为人称道的而且最被广告商看中的是数据驱动的新闻消费个性化。这种个性化推荐，同以往的个人定制不同。个人定制仍然是读者的主动行为，而个性化则是根据算法推出的。

第11章
老谋何以深算？计算新闻的是与非

其过滤的结果必然是人们只选择爱听的、顺耳的，人人都"躲进小楼成一统，管他冬夏与春秋"，结果必然是一个个井底之蛙。也许有人抬杠说，你可以自己主动选择有营养的新闻嘛。话是没错，但是我们知道推荐是非常重要的，推荐多了，你不免会点击，点击成习惯，习惯成自然；再说，你怎么会知道除了被推荐的还有别的什么好东西？结果社会被自私与狭隘的自我中心者充斥，这也许可以解释为什么有那么多的人在公共场所肆意妄为，如入无人之境。

当然，每个人都有不同的信息需求，也有权利追求自己的趣味，哪怕是不那么高级的趣味。有人认为，不必为此大惊小怪，因为在算法之前的传统新闻也不是什么太平盛世，无非是主流媒体设置议程，弱者的声音被边缘化，今天未必比过去糟糕。事实也许如此，但逻辑不对，不能说昨天也不怎么样，就不能批评今天，何况更重要的是要着眼于未来。

最后，还有一个非常重要的问题值得讨论：如果说新闻专业主义的灵魂是公共服务，那算法主导的计算新闻正在把大众媒体变成个性媒体，当同样的事实，推送给每个人时变成不同的故事，社会共识如何形成？新闻的公共性又在哪里呢？

第 12 章

巧夺人工？人工智能与新闻自动化

新闻智能自动化的目的是什么，可以简单概括为四个字：多、快、好、省。"多"自然是多发稿子，"快"就更不用讲。但是后面的"好"和"省"，资本和新闻人必然有不同的理解。"好"，资本关注的是效益好，新闻人关心的是稿子"好"。"省"就更是如此，新闻人要的是省"工"，省出精力和时间，去干更重要的工作，而资本方呢？"省"的却是人工中的"人"。

对此，谷歌创始人施密特的回应是：人类需要认真想一下自己能干点什么。这句话顺着听好像不错，逆着想就有点不太对味儿，有点像老子训儿子不争气。哈佛大学荣休教授祖波芙（Shoshana Zuboff）怼得好：我们不用想，因为我们知道我们做什么最好，而且我们一直在做，那就是做人。我们能做的就是使世界更加人性化。

这恰恰是新闻智能化和自动化过程中最最重要的。

第12章
巧夺人工？人工智能与新闻自动化

试想有一天，你从梦中醒来。起床，洗漱，吃完机器人保姆准备的早餐，端上一杯咖啡，坐在阳光里；然后，戴上谷歌、苹果或者华为智能眼镜，浏览新闻。人类平安无事，或者平庸如常，今日的头条是某机器人足球队终于取得了奥运入场券，某个城市的机器人工会决定罢工，要求每周一天工作日，而最触动你的，是某机器人记者撰写的一篇关于某类机器人歧视、虐待人类的调查报道获了普利策奖。这时，你猛然想起：你曾经有份工作，叫新闻记者。

说来这不当记者的日子倒也惬意，毕竟还有阳光和咖啡的苟且。不幸的是，这只是智能乌托邦的一种景象。还有另外一种可能：根据你的大数据，特别是你的智商，甚至你父母的基因遗传，你不仅不用做记者，而且什么都不用做；不过坐在阳光里喝咖啡的不是你，而是一名智商高你数倍的机器人。

或者说，智能文明中，社会将分化成三个阶级，分别是掌握了算法和数据的超人、学霸、最强大脑，具有自我意识和深度学习能力的变形金刚机器人，余下的剩男剩女便是只有大数据意义的芸芸众生，称作"数据人"也未尝不可。

在线 在场 在地
新闻的未来

这不是危言耸听。据未来学家预测：在不远的将来，具体是到2045年，机器人文明将诞生，人类将不再主宰世界，多半会成为机器人的宠物——窃以为不太可能，因为凭人类的德行，无论是历史上还是现实中，实在没那么可爱。

之所以开了噱头似的一个头来哗众，并不是为了取"宠"，而是为了说明，由机器学习、纳米技术和基因工程三大科技所支撑的人工智能，正把人类由信息社会推入智能社会，而改变的不仅仅是生态环境，同时也包括人本身。

不过，人工智能这盘棋实在太大，太高深，无论内行外行，往往一讨论就露怯，真正是"人类一思考，上帝就发笑"。因此，这里还是目光短浅一下，观照一下熟悉的新闻业，谈谈人工智能和新闻自动化对新闻业和新闻人的影响。这应该很重要。首先，在信息化、媒介化的社会，新闻信息的生产传播成为关键的关键；其次，虽然未来充满不确定性，难以预测，但是，任何未来都是一个过程，往往取决于当下的取舍和行动。

人工智能：人类最后的发明？

人工智能最俗又最学术的一个问题是到底机器人能不能比人聪明。在这个问题上，坊间争论不休。但是，应该没有疑问的是：人工智能对人类社会的影响将是颠覆性的。相比人工智能，数字革命不过是毛毛雨。一如工业革命的疾风骤雨带来了资产阶级革命、无产阶级革命等，智能革命注定带来沧海桑田

第 12 章
巧夺人工？人工智能与新闻自动化

的变故。这里不妨浪费一下篇幅，照录一下狄更斯《双城记》的伟大开篇：这是最好的时代，这是最坏的时代；这是智慧的时代，这是愚蠢的时代；这是信仰的时期，这是怀疑的时期；这是光明的季节，这是黑暗的季节；这是希望之春，这是失望之冬；人们面前有着各样事物，人们面前一无所有；人们正在直登天堂，人们正在直下地狱。

英国物理学家霍金说得更直接："强大的人工智能可能是人类创造的最好或最坏的东西，可能是人类最后的发明。"

为什么是最后的发明？因为它有可能结束人类的统治地位。

总之，潘多拉的盒子业已打开，魔鬼或天使，不请自来。

有人说人类数千年的文明史，真正克服自然和自我局限的脱胎换骨有两次，一次是工业革命，另一次就是人工智能。工业革命使人类进入蒸汽时代、钢铁时代和机械时代，天上飞的、地上走的，基本来说是增强、扩展了人的肌肉和肢体。随后在电子和数码时代，则是智力的延伸和拓展。人工智能则不同，人工智能不仅仅是工具，不仅仅是人的身体或者智力的延伸，而是客体成为主体，虽说究竟是否能够有自主意识说不清楚，但它本身可以主动创造信息则没有什么疑问。

人工智能从 20 世纪 90 年代进入快车道，1997 年，深蓝（Deep Blue）打败国际象棋大师；2009 年，自动驾驶；2016 年，阿尔法狗（AlphaGo）战胜了围棋世界冠军。

阿尔法狗的战绩之所以令人咋舌，是因为它比深蓝上了一个台阶。深蓝依靠的是逻辑运算、树状结构，而阿拉法狗则可

在线　在场　在地
新闻的未来

以深度学习。所谓深度学习，简单一句话，就是它可以自学成才。验证一个机器人能不能深度学习，关键看它会不会重复自己或者前人的错误。

谷歌旗下的人工智能公司深思（Deep Mind）将研发成果应用在各种不同领域，比如玩不同的游戏、自动驾驶、投机咨询、音乐评论，甚至司法判决等当前需要人脑才能处理的工作，并探索用与人类相似的神经网络去模仿而将机器学习和系统神经科学的最先进技术结合起来，从而使机器习得与人类相同的思考力。

谷歌正在开发的深梦（Deep Dream）可以教计算机做梦、作曲。

智能机器人也可以写小说。2017年，纽约大学的研究生顾得文（Goodwin）带着他开发的智能神经系统，开始穿越美国的自驾游。他只管开车，而这个智能系统边走边写，虽然有时头一句脚一句，但确实也写出了不少富有诗意和哲理的段落。

现在看来，机器人究竟会不会比人更聪明已经不是问题，因为在许多事情上，它已经比人类聪明了。争论的焦点是：机器人可以像人类一样有自我意识和情感吗？

有不少大咖说不能，比如著名的中文屋实验。所谓中文屋实验，是美国哲学家约翰·希尔勒（John Searle）在1980年提出的一个思维试验：假设把一位说英语的人关在房间里，只能通过墙上的一个小洞传递纸条来与外界交流，而外面传进来的纸条全部由中文写成。这个人带着一本写有中文编码程序的书。那么利用中文编码程序，这个人就可以把传进来的文字译成英

第 12 章
巧夺人工？人工智能与新闻自动化

文，再利用程序把自己的回复译成中文传出去。在这样的情景里，外面的人会认为屋里的人通晓中文，但事实上这个人只会程序和编码，对中文一窍不通。也就是说，智能机器人无论如何也只会局限于程序中，不会有意识并真正理解意义。有人讥讽人工智能只能按照程序执行，一根筋，不会变通，比如扫地机器人只会非常敬业地去扫地，看到主人掉在地上的一个金戒指却不知道捡起来，而碰到猫狗尿屎，也不会绕过去，而是抹一地。当然，有人反驳说，这只能说明你的扫地机器人不够高级而已，如果机器人有了触觉、视觉和味觉呢？

也许我们人类的既定思维很难理解智能机器人的逻辑。比如这个非常有意思的例子：一个机器人被指令飞奔向前，越快越好，出乎设计者意料的是，机器人没有建造大长腿，而是把自己变成一个高塔，然后向前仆倒。

理解人工智能，必须放飞想象力。法国著名经济学家、古典经济学的奠基人之一萨伊（Say），在 1828 年谈及汽车代替马车时写道："没有什么机器，能比上一匹马，机器永远不可能像马车一样，穿过熙熙攘攘的街道，把人和货物送到目的地。"而现在，基于智能的自动驾驶已经要走进千街万巷。

如果你还对智能时代的到来半信半疑，我们再简单粗暴一点：微软、脸书、谷歌、Minecraft 等都在人工智能领域投入了巨资，这不是简单的押宝，因为首先资本是敏锐的；其次，资本本身就是推动的力量，资本会改变科技发展方向。

在简单交代了这样一个大背景大环境以后，似乎可以讨论

在线 在场 在地
新闻的未来

智能新闻了。

智能与自动：没有记者的新闻业？

新闻经历了印刷时代、电子时代、数码时代，迅猛进入智能时代。数据极大丰富，算法成为新闻生产的核心。

机器作为工具进入新闻生产当然不是第一次。然而，以前无论技术如何改变，也不过是工具和渠道，这次是要鸠占鹊巢，取而代之。如今，可以说人工智能业已成为新闻生产和传播的组成部分——如果还不能说成为有机组成部分的话。人工智能和自动化已经渗透到新闻生产和消费的全过程。比如，大数据挖掘系统会提醒记者可能的新闻点，大数据和算法可以决定选题，而内容生产——新闻生产最核心的部分，也开始智能化。计算机可以写诗和小说，新闻稿件更算不了什么。提前布置的智能摄像头、传感器，会自动捕捉、回传大量的数据和影像，自动生成新闻。

据英国路透新闻研究所对全球诸多新闻机构的调查，有近40%的新闻机构不同程度地利用人工智能来进行新闻生产。例如，《华盛顿邮报》的Heliograph撰稿系统已经写了上千篇稿子，而一个名为Modbot的智能系统会自动审查、过滤读者评论。美联社纽约分社联合一家智能自动化公司，开发出新闻生成系统，负责上市公司季报。以前每季紧赶慢赶也就300多篇稿子，使用智能写作以后，每季度的发稿量达到了4400多篇。

第 12 章
巧夺人工？人工智能与新闻自动化

在中国，腾讯开发出一个电子写作器叫梦作家（Dreamwriter），阿里巴巴有写作大师（Writing Master）。新华社同"今日头条"合作研发出智能写稿程序，撰写体育、天气预报和财经新闻。新华社同搜狗联合推出的新华社 AI 合成主播"新小萌"，集中体现了声音提取、表情动作等深度学习技术。

也许有人担心机器人写的稿子有质量问题。且不说稿子好不好没有一个绝对的标准，就机器写稿来讲，一个比较服人的检验是：如果分辨不出人和机器写的稿件，机器人写作的质量难道还用怀疑吗？

哈梦德（Kristian Hammond）——计算机写作领域的领导者、叙事科学公司（Narrative Science）创始人之一——预计：到 2025 年，90% 的新闻将由计算机撰写。也许哈蒙德急了些，那我们保守一点，再过十年、二十年、三十年，计算机写稿终将成为日常。

著名美国经济学家赛里格曼（Ben Seligman）1966 年写了一本书，名叫《臭名昭著的胜利：自动化时代的人类》[1]，其中有一章，直接叫"无人的工作"（Work without Men）。

一般来讲，新闻业较为守旧，在历次的技术革命中，新闻人总是工具化思维，使工具来适应既定的理念和习惯，而不尝试去改变习惯，即使在媒体融合和数字革命火烧眉毛的时候都

---

[1] Ben Seligman, *Most Notorious Victory: Man in an Age of Automation*, Florence, MA: Free Press, 1966.

动作迟缓。那么，新闻业对于人工智能为什么如此热情？粗看，至少可以有三点。其一，经济上的困局。各种营利模式几乎穷尽，依然入不敷出，前途渺茫。其二，技术决定论占了上风，似乎技术可以解决所有的问题。其三，资本的野心与贪婪。资本开始主导新闻业的变革。这从亚马逊的创始人贝佐斯购买《华盛顿邮报》开始显露端倪。资本当然会逐利而为，自然会推动新闻的自动化和智能化。

然而，不能不小声问一句：在智能和自动化轰轰烈烈之前，新闻业真的想好了吗？

做得妙与做得好：智能与人性

新闻智能化和自动化的关键是新闻专业主义理念诸如公共性、客观性、独立性如何无缝对接于算法之中，如何在机器人的身上植入人性的基因。而面临的现实是媒介环境发生了根本的改变。传统上，媒介一直是作为介质和渠道而被使用，如今智能新闻中的媒介主体化，可以独立，至少是共同，来生成意义。

有种说法：科技进步的大小就是看它毁掉了多少工作。技术乐观派为人们描述了一幅智能乌托邦的景象，所有的劳动——简单的、复杂的——都将被机器代劳，人们可以什么都不用干，或者爱干嘛干嘛。这听起来很美。谁又天生爱劳动？劳动是为了生活，不工作，如何生活？除非硅谷的权贵愿意共享他们的资产。更值得敲黑板的是：问题的实质不是工作的消

第12章
巧夺人工？人工智能与新闻自动化

失，而是人的消失，人的主体性和价值的消失。从近半个世纪的历史来看，科技进步并未带来人的价值的提升，而是恰恰相反。美国新闻业流失了一多半的新闻编辑人员，且工资待遇不升反降。业余作者的境遇更差，从文章稿酬来讲，以前每个字是1—3美元，而现在是每个字5美分，这还没有算通货膨胀。

人工智能的基础是结构性数据，而数据不是天上掉下来的，并不天然客观和公平。所有的科技都包含了人类的价值和偏见。在智能时代，算法即权力，也极易为资本主义国家的统治者和精英利用而成为歧视、奴役他人的工具。在某种程度上，算法决定了人的命运。比如你为钱所急，去网上搜索了网贷，然后，你的信息被分享、出卖，从此你就被高利贷、传销组织等盯上，再而上当受骗，完了还被骂蠢货，黄鼠狼咬了病鸡。问题是，首先鸡生病，不光是鸡本身的问题，而在很大程度上是社会问题。更可恶的是，因为你是病鸡，算法就把你堂而皇之地算给了黄鼠狼。

具体到新闻来说，新闻的根本使命是公共服务，服务公众、监督权力是它的道义责任。因此，重要的不是人工智能能做什么，而是应该做什么。人工智能可以很聪明，可以很妙，但做得妙不等于做得好。智能和自动化从科技的角度看是技术推动，却往往忽略了人、资本和市场，才是真正的驱动力。任何社会和技术变革，都是各种力量博弈的结果。在当前的博弈中，新闻业显然不占有主导地位。二十多年前，新闻业还有资本和话语权的时候，在互联网和数字革命中就碰了个灰头土脸，何况

在线　在场　在地
新闻的未来

在日落西山的今天。特别是在资本和市场面前，新闻专业主义的价值观和职业观逐步被消解和边缘化，新闻业在这场智能革命中必须有足够的清醒与自觉。

新闻智能自动化的目的是什么，可以简单概括为四个字：多、快、好、省。"多"自然是多发稿子，"快"就更不用讲。但是后面的"好"和"省"，资本和新闻人必然有不同的理解。"好"，资本关注的是效益好，新闻人关心的是稿子"好"。"省"就更是如此，新闻人要的是省"工"，省出精力和时间，去干更重要的工作，而资本方呢？"省"的却是人工中的"人"。

对此，谷歌创始人施密特的回应是：人类需要认真想一下自己能干点什么。这句话顺着听好像不错，逆着想就有点不太对味儿，有点像老子训儿子不争气。哈佛大学荣休教授祖波芙（Shoshana Zuboff）怼得好：我们不用想，因为我们知道我们做什么最好，而且我们一直在做，那就是做人。我们能做的就是使世界更加人性化。

这恰恰是新闻智能化和自动化过程中最最重要的。

在这场大变革和大争论中，乐观派也好，悲观派也罢，其实最要紧的是做清醒派和行动派。智能化不是一个既定的结果，而是一个过程，就现在看来，最要紧的不是技术装备的被动跟风，而是主动的思考与参与。参与到新闻智能化的过程当中，而不是完全由资本主导。关注、重视、监督和报道社会智能化转型中的重大问题，这是新闻的初心和根本，这比新闻智能化、自动化重要得多。

第 13 章
算法与新闻公共性

在传统时代，信息的公共性主要通过新闻媒体来体现和完成。如今，媒介生态发生了根本变化，以技术创新为驱动力的数字革命颠覆了传统媒体的地位，从互联网到社交媒体，再到如今的算法一统天下，信息的生产和流动的基本走向不是公共性而是个性化。这个与世界大同需要的公共性似乎有些拧巴。世界越来越同一，而信息变得越来越个人。以前是人说了算，现在可以由机器算了再说吗？

在线 在场 在地
新闻的未来

以大数据、算法和人工智能为代表的数字技术革命，影响到公共及个人信息的生产、传播、消费等各个方面，其生态特征可以概括成两句话：一是技术主导；二是算法核心。这两句话的背面便是作为公共信息的生产者、传播者的新闻业以及新闻人的边缘化和把关人地位的丧失。前面两章"老谋何以深算？计算新闻的是与非"和"巧夺人工？人工智能与新闻自动化"，就这些方面做了一些讨论。然而，有一个至关重要的问题未及深入，那便是算法主导下新闻的公共性。算法究竟促进了还是阻碍了新闻的公共性？如果是后者，那又当如何？

现代社会的运行和治理，公共性是其根本。天下为公，公民通过公共知识的获得参与公共事务。没有公共性，新闻业的救赎还有什么意义？其实，谈媒介融合，谈媒体转型，谈商业模式，归根结底是关心公共性。所以，不关心公共性，只关心商业模式的新闻传播学教授，是不是应该转到商学院去？

社交媒体、算法新闻、智能新闻的公共性也最容易被忽视。忽视的原因有很多，最为直接的一个是：互联网和社交媒体被赋予过多的光环，似乎天生具有民主的基因，赋权的禀赋，容

第13章
算法与新闻公共性

易把信息的丰富和公共的参与简单量化,等同于公共性。

曾几何时,人们欢呼庶民的胜利,沉浸在乌托邦式的技术解决一切的想象之中,而现实却耳光响亮:算法并不遵守新闻的逻辑、公共服务的逻辑,也并不简单地遵循技术的逻辑,它服从的是权力的逻辑、资本的逻辑、市场的逻辑。算法逐渐从IT业渗透到新闻业的后果之一,是新闻信息的碎片化、琐碎化、娱乐化,是虚假新闻甚嚣尘上的所谓"后真相"。这当然不全是算法的错,传统新闻业也有过度商业化和娱乐化的问题。然而,正如有句老话说的:过去是多与少的问题,而现在和将来是有和无的问题。

也许有人说:技术为人谋幸福,大家只管各顾各,纠缠什么虚无缥缈的公共性?这话听起来似乎没毛病。问题是:现代社会需要公民的有效参与。现在有一句学术热词叫"地球是平的",说当今世界已经打破国家、民族、历史、文化等地缘局限,亚马孙河流域蝴蝶的翅膀一不留神就会造成太平洋的台风,气候变暖、疫情等,无一不是全球性的公共事务,所谓你中有我、我中有你。当然,世界变小,接触更多,并不意味着一定和谐。也许恰恰相反:正因为地球变得拥挤,老死不相往来变成了一个锅里抢勺子,摩擦、冲突自然也就日见其多。大变局时代,利益权力重组,文明的冲突短兵相接。这些问题的解决都需要开放透明的信息流动,需要公共的讨论和参与,由此,公共性比任何时候都更加紧要。

在传统时代,信息的公共性主要通过新闻媒体来体现和完成。如今，媒介生态发生了根本变化，以技术创新为驱动力的数字革命颠覆了传统媒体的地位，从互联网到社交媒体，再到如今的算法一统天下，信息的生产和流动的基本走向不是公共性而是个性化。这个与世界大同需要的公共性似乎有些拧巴。世界越来越同一，而信息变得越来越个人。以前是人说了算，现在可以由机器算了再说吗？

新闻的公共性

新闻的根本在于公共服务。在美国，新闻的公共性有几层意思：首先是报道公共事物，满足公众的知情权；其次是为公众提供交流的平台，所谓的公共领域；再次即是所谓"第四权力"，公众的看门狗。这三点可被概括为资本主义民主体制下新闻媒体的三大使命：报道信息，提供平台，监督权力。前两个说白了是一回事，就是保证公众的知情参与。知情与参与是公共性的重要两点。光知情，没有机会参与不行；同理，没有公共信息的获得，也不可能有实质的参与。后面一个其实是代表民众来监督权力，其根本在于公众的信任。所以，由美国密苏里新闻学院首任院长威廉姆斯在一百多年前起草的《世界报人守则》开宗明义："我坚信新闻的专业性；我坚信新闻是一种公众信任。"

需要特别指出的是：公共性不是简单的多数，而是信息的多样与多元。公共性首先是平等，即对个人权利的尊重，公平、

第13章
算法与新闻公共性

公正和公开不由数量的多少来定义。流行（popularity）不一定公共（publicity）。

谈公共性不能不谈公共领域，而公共领域不能不提哈贝马斯。哈贝马斯在其对公共领域的论述中一再提到的咖啡馆，几乎成了公共领域的样板和象征。在咖啡馆里，人们有礼貌地寒暄，热烈议论公共事务，风声雨声读书声，声声入耳；家事国事天下事，事事关心。自然，哈贝马斯的咖啡馆里必须有报纸为公众提供讨论的讯息和话题。

哈贝马斯的咖啡馆是欧洲资本主义崛起的产物。同样，在晚清中国，那个勉强可以称为公共领域的所在不是哈贝马斯的咖啡馆，而是老舍的茶馆。虽说茶馆挂着"莫谈国事"的警示，仍还有秦二爷实业救国的雄心，常四爷的"我看这大清要完"的大逆不道。

现如今呢，无论是咖啡馆还是茶馆，其公共性仅仅止于商业意义上的公共空间。在咖啡馆或者茶馆里，每个人都沉浸在自己的电脑或者手机屏里，投入地玩游戏、聊天，或者读哈贝马斯？

当然，哈贝马斯所推崇的咖啡馆，并非像他想象的那么完美，更多是痛惜后资本主义公共性的丧失而对过去的理想化。哈贝马斯深恶痛绝的是：以新闻媒体为主体的公共领域被体制化、资本化，为政府和资本所控制，公共舆论不是自下而上而是自上而下。这多少有些像孔夫子愤怒于人心不古，念念不忘复辟周礼。

在线 在场 在地
新闻的未来

当然，新闻的公共性并非天赋，而是民主社会运转的必要条件。麦迪逊说公众要想成为自己的主人，就必须用习得的知识所隐含的权力来武装自己。边沁说个人利益需要通过公共性来矫正，公共性是遏制暴政的首要手段。

新闻公共性的必要不仅是哲学、政治学的一个论点，而且是被历史和社会实践所证明的。经济学家阿马蒂亚·森论证：人类的大饥荒从没有在言论自由的社会出现。① 前些年由次级贷引起的金融危机，世界数次流行病的失控在很大程度上是公共信息受到阻碍的恶果。

当然，新闻的公共性问题不是新问题，而是有其历史的起源、发展过程，家天下时代不可能有公共性。近百年来的新闻专业主义，公共性是其旗帜，到 20 世纪 70 年代达到顶峰。在这个历史过程中，无论是过度商业化也好，娱乐庸俗化也罢，起码在新闻领域，专业主义依然占有道德制高点和话语权，在日常的编辑工作中，依然是新闻逻辑主导，新闻人作为把关人，以公共服务为思想理论基础和行为规范。

资本的兼并、垄断，使新闻业的公共性受到质疑，透支了公共信任。1994 年，迪士尼兼并了美国广播公司，在米老鼠的眼里，电视台不过是利润机器，新闻的节操碎了一地。

拯救新闻公共性的努力其实早已开始，其高潮是 20 世纪 80

---

① Amartya Sen, "Liberty and Poverty: Political Rights and Economics", *The New Republic*, Vol. 210, January 10, 1994, pp. 31-37.

第 13 章
算法与新闻公共性

年代的公共新闻运动。可惜只是昙花一现。公众新闻失败的原因有多重，有资本方的抵触，也有业界、学界的质疑，主要的顾虑是公民参与到新闻编辑过程对独立性、客观性的影响。密苏里新闻学院著名学者麦瑞尔老先生，就曾对新闻学院热衷于搞公民新闻不以为然，揶揄道："我看密苏里新闻学院干脆改称密苏里公民新闻学院好了。"

由此也就更容易理解为什么互联网，特别是社交媒体的兴起，为公众带来了那么多的希望。受众终于有了直接获得信息和参与的机会，终于可以打破媒体的垄断，让公共性发扬光大。学界也开始以数字的视角来想象、构建公共领域。

算法的似是而非

然而，人们很快发现，所谓的数字公共领域只是想起来很美。

首先，互联网最为人称道的公共性是公民赋权。社交媒体的核心是公众参与，所谓人人都可以是记者。然而短暂的欢呼之后，人们发现坐在餐桌上的并不是自己，而是互联网巨头。单就搜索引擎来看，谷歌在全球市场的占有率达到了60%，必应（Bing）12%。人们何时何地看什么样的新闻看似是自由选择，其实是技术主导，算法决定。民众的赋权并没有实现，资本和权力才是庄家。

其次，海量信息和广泛的参与只是公共性的表象。也许有

在线 在场 在地
新闻的未来

人说，公共性不就是服务公众吗？喜闻乐见有什么不对？问题是：且不说民主是系统的价值观和制度设计，其精髓并不是多数人说了算，公共性也不是简单的量化。因为互联网、社交媒体的多数只是某时某刻相对的多数，发言者只是网民的少数，而沉默的大多数又怎么算？非网民又该如何被公共？色情网站流量第一，难道公共性很强吗？

再次，没有中性的技术，更没有中性的算法。算法并不是简单的数学运算，而是价值观影响下的取舍。算法的偏差，可以使某一类话题冲上热搜，"水军"和公关公司也可以人为地利用算法来为自己的金主服务。热搜和排行榜并不是按照绝对的流量决定，而是在某个特定时间段的关注度的起伏，犹如股票，重要的是预期的涨跌。而一旦上了热搜，便水涨船高，被阅读被分享，似乎真的就有了公共性。这种算法，注定偏向哗众取宠，而公共议题往往是复杂的，烧脑的，枯燥的，自然就被排斥在外。

最后，所谓的个性化看似是基于个人选择，实际上是受算法左右。基于多样化的选择才是真正的选择，即使有了多样化，你必须知道多样化的存在才谈得上选择，当经过算法的过滤，摆在你面前的免费或者付费的午餐不过是西红柿炒鸡蛋、鸡蛋炒西红柿，或者西红柿和鸡蛋一块儿炒的时候，你的选择又在何处？平台的出发点不是你如何获得营养，如何健康，而是需要照顾什么样的买卖。量化的目的是变现，而不是知识获得。在西方社会，互联网和社交媒体对权力并无天然的免疫力，甚

第13章
算法与新闻公共性

至更势力，服从于权力和利益，成为政治或者商业控制的工具，从这一点上看，恰是公共性的反面。

新闻传统的扭曲

算法成为新闻生产和传播的核心，对传统新闻业的影响是多方面的。

首先是独立性的丧失，编辑决定变为算法主导，说白了，就是人的专业的理性判断让渡给机器的程序化的选择。

传统新闻严格奉行新闻与广告的"政教分离"，甚至夸张到广告人员和新闻编辑不乘同一电梯。现在则彻底混淆了广告和新闻的界限，算法自动完成内容和广告匹配。

算法为核心的技术逻辑代替了新闻逻辑，影响了新闻人的职业认知。编辑部墙上不断滚动的即时数据，足以颠覆一个记者对新闻的理念坚持和价值认同。

新闻的公共性的一个重要作用是帮助公民更好地参与公共事务，而算法驱动的新闻是培养用户，公民成了客服对象，是商品。

新闻的公共性还体现在为弱者和无声者发声，因为弱者更容易受到权力的伤害，更依赖于新闻的公共性，而在算法逻辑里，弱者被进一步边缘化，你没有声音或者你的声音小，就只能是小数点的后几位，被忽略不计。

求真是新闻的宗旨，而求真一个重要的方法就是核实和验证。而算法主导的新闻机制，求真得不到应有的回报。假新闻的成本低，真信息成本高，这也是虚假新闻泛滥的一个重要原因。

原先在一些新兴媒体存在的所谓流量编辑，也开始出现在传统新闻编辑部。所谓流量编辑，顾名思义，直截了当就是炒流量，每天研判各种数据，做试验，炒热度，一旦发现了某个热点，就会集中力量炒作。根本不去做原创报道，而是通过洗稿来炒热度。一切以流量为中心，流量成了目的。

算法和技术主导对新闻的影响还可以讲许多。与其列举下去，不如讲一件具体的实例更感性，更有说服力。

1997年2月4日，星期二。美国总统克林顿在国会发表国情咨文，关乎国计民生，从任何一个角度讲，都应该是头版头条；不巧的是，或者说巧的是，当天有个世纪大案的宣判几乎也在同时进行，这便是辛普森杀妻案的民事诉讼。这给新闻界出了一道"千载难逢"的考题，究竟哪条新闻应该头版头条？报纸纠结一番总还可以折中，可以处理个并列头版，那电视台和电台怎么办？这是个让总编辑抓破脑袋的艰难决定。美国新闻单位的处理方式不尽相同，但大部分的主流媒体还是把克林顿的国情咨文放在了头版头条。试想一下，如果完全由算法主导的话，头条还会是克林顿吗？

算法主导下，新闻公共性问题的急迫性怎么强调都不过分，而其现状和走向却令人担忧。不说别的，在人类历史上，恐怕从来没有一个时代有如此多的信息控制权掌握在几个技术寡头

第13章
算法与新闻公共性

手里。

那怎么办？

当然，算法是权力，那就必须对权力进行监督。新闻业是权力的天敌，自然有责任。

还可以要求搜索引擎、社交媒体平台增强社会责任感、增加透明度。

然而，同以往新闻对公权力的监督不同，这些可是企业，可以有多种理由躲避监管，比如数据隐私、技术专利和商业秘密等。即使他们同意公开，专业壁垒也非一般人能轻易跨越。

也有人说技术的问题，最好由技术进步来解决，比如区块链技术。但是，别忘了我们当初也是这样相信互联网。

智能时代的新闻公共性有赖于系统的、全方位的制度设计。传统新闻的公共性也不是天生的，也是制度设计的结果，比如美国的三权分立、第一宪法修正案、第四权力等。但是，制度设计不能停留在理念上，操作也至关重要。美国学者、普林斯顿大学教授斯达尔（Paul Starr）的著作《媒体的诞生：现代传播的政治源流》[①] 中讲了这么一件事：富兰克林在担任美国联邦邮政局长时，做了一个近乎荒唐但却英明无比的决定：同样是邮件，一份报纸的邮费只是一封信件的零头。结果，邮局全年的业务量，报纸占了95%，而收入还不到15%，后来干脆让

---

① Paul Starr, *The Creation of the Media：The Political Origin of Modern Communications*, New York：Basic Books, 2005.

在线 在场 在地
新闻的未来

个人之间交换报纸免费，以至于出现了一个非常有趣的现象——不少人为了省邮费，先在旧报纸上找字，然后在需要的字词下面划线来组成信件，这样密电码似的家信就可以免费寄到。结果，报纸的发行量和阅读量几何增加，亏了邮政，却成就了新闻的公共性。

第 14 章

"稻草人"与"看门狗"：作为体制的新闻业

社会需要新闻媒体提供及时准确可靠的有关国计民生的信息。这些信息，往往至关重要但平淡枯燥，商业价值不大。而这些信息需要系统地、经常地提供，不可时有时无。对权力和利益集团，则需要全天候的监控，而这些都要求新闻体制性地存在。比方说，医院不应当是商业组织，而应该是机构和体制，如果医院是商业组织，那医院的宗旨就成了赚钱而不是救死扶伤。作为体制性存在，消防队、警察局无所事事才是理想状态。同理，新闻业作为公共服务机构，尤其它的警示监督功能，即一般所说的"稻草人"和"看门狗"，存在的本身就是意义。

在线 在场 在地
新闻的未来

就现代社会来说，互联网两个最鼓舞人心的品质是"开放"和"赋权"，使原先被动、松散的个体能够参与信息生产、传输和消费，而且联结成社群和团体，更有力、有效地参与公共事物。曾几何时，互联网几乎就是草根民主的代名词。然而，信息科技的发展，侵入社会生活的各个层面、角落，在创造新机会、新产业、新财富、新生活的同时，也逐渐导致了与人们期待相反的结果：互联网新生态的形成脱离不了权力关系的左右，原有权力的拥有者被赋予更大的权力，而新生的网络大鳄特别是社交媒体平台更是获得了主导权和控制权，人们的政治、经济、社会生活在不断数据化、媒介化。在平台垄断的同时，信息的生产与流通逐渐失控，虚假、不良信息充斥网络，直接威胁到民主体制本身，而新闻作为这个体制中的重要一环首当其冲。

当前国内外对于新闻业现状与未来的讨论多局限于微观或者中观的考察，热门话题多集中在媒介融合、媒体转型、商业模式、内容生产、新闻专业主义存亡等，相对来说，从宏观社会系统角度来探讨传统新闻所遇到的问题则较少或者强调得不

第14章
"稻草人"与"看门狗":作为体制的新闻业

够。新闻业的落魄不仅关乎一个行业的生存,而且涉及新闻作为政治和社会体制性存在的必要性问题。数家、几十家乃至几百家报纸、电视的死亡,如果仅仅是市场的优胜劣汰,那当然不足为虑,萧条过后可以东山再起;但是,如果新闻业像一支部队一样成建制被消灭,便再无复活的可能。正如著名美国学者得克萨斯州立大学教授雷思(Stephen Reese)所讲,相比网络冲击、商业模式过时等,新闻最大的威胁是体制崩溃。[①] 传统新闻媒体所支撑的新闻体制,所谓的新闻界是否会垮掉?那些政治、社会功能还需不需要?需要的话,又由谁来承担?

所谓体制性存在,说的是媒体组织不仅仅是一种商业的存在,而是此类媒体组织的使命和功能,其所作所为,乃是一种制度性安排,是社会政治体制的一部分,用英文说,就是 journalism as institution。"Institution"词典里对应的中文词是机构,然而,英文的 institution 不仅仅是机构。它不但包括实体组织,而且包括实体组织赖以生存的社会制度与文化背景,社会认同的一系列价值理念,伦理、行为规范,管理机制等。体制意味着成规模成建制,体制意味着享受社会的、政治的、经济的、法律的一系列的体制性特权、优惠和便利,承担议程设置、公共舆论、信息验证、权力监督等道义和社会责任,而不是简单的信息收集和传播。

[①] Stephen D. Reese, *The Crisis of the Institutional Press*, Hoboken, NY: Wiley, 2020.

机构（institution）与组织（organization）不同。机构是为满足社会基本需求而设立或者形成的组织，发挥重要的公共功能，是经常性的存在，所有的机构当然开始都是组织，但只有一小部分组织成为机构。而如果一个机构的重要性影响到国家和社会的正常运转而成为基本、广泛的必需，就成为体制。人人都可以建立一个组织，但却不能建立一个机构，更谈不上建立一个体制。

当然，体制化同时意味着新闻的职业化和专业化，新闻人依托专业组织，从事有报酬的全日制的工作，是一个共同体；新闻人的所作所为是职业组织行为，而不仅仅是个人的业余热情和爱好。

当然，新闻专业主义并不依赖民主体制才能存在，这就是为什么在专制社会依然还会有非常专业的新闻。但是，民主社会却有赖于新闻专业主义的存在，而且是体制性存在。

新闻的体制性塌陷

那么作为体制的新闻业状况如何呢？有关传统新闻的不景气已经不用多讲了，一句话，系统性崩塌。

首先从实体来讲，世界范围，传统媒体天天都在倒闭。就美国来说，报纸在过去20多年里，关张的有600多家，剩下的也大多是在苟延残喘。从业人员，过去的15年间减少了将近一半。例如，《洛杉矶时报》从1100多人减少到了不到600人，

第 14 章
"稻草人"与"看门狗":作为体制的新闻业

《巴尔的摩太阳报》从400人减少到了150人。印第安纳州第二大城市韦恩堡(Fort Wayne)的一家报纸,一年前刚刚停止纸版,留下了八个采编人员,最近居然又开除了七个,剩下一个光杆司令。

体制性崩塌还反映到新闻教育上。目前美国大学新闻学院的招生状况不妙,数量和质量在全面下滑,即使选了新闻传播专业的,更多的是公关、广告和媒体制作,学新闻的学生寥寥无几。

体制性崩塌还有其他的表现:比如说公众对媒体的信任度与认同度降到历史最低。最近的调查数据显示,公众信任传统媒体的只有32%。而当美国总统特朗普攻击新闻媒体是人民公敌时,竟然有30%多的共和党群众、12%的民主党群众支持认同他的攻击,而且有相当数量的人同意授权给总统来关掉或者制裁"坏"媒体。再没有比这更让人大跌眼镜了,要知道美国是一个有着宪法第一修正案、以新闻出版自由为体制之本的国家。

也许有人会说,不是还有几家旗帜性的新闻媒体(比如《纽约时报》《华尔街日报》《华盛顿邮报》)情况还不错吗?首先,几家有起色的媒体虽然网络付费订户有所上升,但实际上的总体财务状况,并不像人们想象的那么乐观,如果细分利润的来源,可以发现新闻这个渠道来得并不高;其次,美国的政治体制首先是基于地方和社区自治的,即使联邦政府的选举也是基层的普选,所以更重要的是地方报纸。试问《华尔街日报》会关心到一个小城镇的居民收入吗？《纽约时报》会去报道一个人口不到三万人的小城市的市长选举吗？而这些中小城市的报纸几乎所剩无几，出现了所谓的新闻荒漠。哈贝马斯强调公共领域有赖于一个规范化的、自我约束的新闻体制性存在。[1] 这些地方媒体的消失，损失的不仅仅是一家报纸和电视台，而是独立、原创的同民众生活息息相关的信息和公共参与的必要知识。

"维新"与"改良"：体制还是非体制

对于传统新闻体制的崩塌，学界和业界的学者、专家基于立场和认识不同而观点不同。坚持天不变道也不变、过去才是美好的、必须看着报纸才能喝咖啡的，算是守旧派，更极端的一些算是顽固派，现在基本上已不多见。

激进的，欢呼新媒体的胜利，庶民的胜利，认为传统媒体或者该死，或者虽然不该死，但新桃换旧符，也是没有办法的事，把这一派笼统一下，可以称作"维新"派。

"维新"派主张彻底抛开体制，代表人物既包括硅谷新贵，也包括对于旧体制失望的学者。"维新"派大多认同麦克卢汉的理论，相信技术决定一切，也必然会解决一切问题。

---

[1] Jürgen Habermas, *The Structural Transformation of the Public Sphere: An Inquiry into a Category of Bourgeois Society*, Cambridge: Polity, 1992.

第 14 章
"稻草人"与"看门狗":作为体制的新闻业

纽约城市大学教授查维斯(Jeff Jarvis)的言论比较有代表性,他在一篇博客里说:"我希望对新闻单位的老总们说这样的一段话:你们玩砸了!而今做什么都晚了。你们最该做的就是别挡道,让路给那些互联网的原生代,他们才懂得新经济、新社会。他们要重塑新闻,重新开始。"

同激进的"维新"派不同的另一批人认为,虽然随着媒介生态的改变,新闻媒体应该与时俱进,但是新闻媒体的根本使命没有改变。这些人可以姑且叫作"改良"派。

"维新"派观点的主要依据之一是人们虽然不看传统媒体,但并不等于人们不在网络上获取新闻。这个论点听起来有理,但却是个容易误导人的迷思。是的,根据最新的调查数据,由于移动互联网的发展,全球范围,每个人平均每天的媒介消费达到了七个半小时,而在发达地区,比如北美,则十个小时还多,但是,需要指出的是,这些所谓的媒介消费并不代表新闻或者信息的消费,甚至都不是内容消费,只是过去一些非媒介行为,成了媒介消费,比如社交和购物。消费的质量更是堪忧,许多是无意义的消费,比如有调查表明:59%的链接没有打开就转发了,而真正打开的,55%的人只看了不到15秒。

同这个迷思相关的论点是:新媒体可以取代传统媒体的新闻生产。而事实恰恰相反。美国皮尤研究中心针对"谁在报道新闻"进行了一项专门研究,具体的方法是挑选美国的一个中型城市——巴尔的摩市,跟踪一周内的六个重要话题的新闻报道。结果表明,绝大多数新闻是由传统媒体生产的,特别是地方报纸。80%的新闻是重复或者再包装,而在原创的20%新闻中,95%来自传统媒体。虽然获取信息的渠道看起来非常多,实际上许多博客、网络杂志和在线新闻机构所做的只是洗稿或者炒冷饭而已。

"稻草人"与"看门狗"

舒德逊的名著《为什么民主需要一个不可爱的新闻界》[1],从规范理论的角度出发,论述了新闻界的不可或缺。美国学者舒尔在《大局:为什么民主需要卓越的新闻》[2] 中也讲道:"人类社会已经进入了资本主义的商业利益与人民大众的公共利益两套马车并驾齐驱的时代,前者崇尚的是差别,后者要求的是公平。如果不发生车祸,就必须在这二者之间有一个制度性的安排,而不应该仅仅讨论商业模式。"普利策在1904年就开始强调新闻的公共服务功能,强调新闻是为了公众,为了社区,不是为了个人。普利策在捐款给哥伦比亚大学成立新闻学院时说:"新闻学院,照我看来,不但不应该是商业的,而且应该是反商业的。"[3]

---

[1] Michale Schudson, *Why Democracies Need an Unlovable Press*, Cambridge: Polity, 2008.

[2] Jeffery Sheuer, *The Big Picture: Why Democracies Need Journalistic Excellence*, New York: Routledge, 2007.

[3] Josph Pulizter, "The College of Journalism", *The North American Review*, Vol. 178, No. 570, May 1904, pp. 641–680.

第14章
"稻草人"与"看门狗":作为体制的新闻业

无论何种媒介环境,新闻传统意义上的三大功能——启蒙大众、监督权力和提供论坛依然是其根本。2009年,美国奈特民主社会信息需求委员会(Knight Commission on the Information Needs of Communities in a Democracy)在一份报告中直截了当地指出:"新闻,对于社区的健康犹如纯净的空气,安全的街道,好的学校和公共卫生。"① 2011年,美国联邦通信委员会在一份报告中指出:社会需要新闻媒体提供八类至关重要的信息,包括紧急状况及险情,医疗卫生,教育,环境,公共事务以及官员和候选人的信息。② 这些信息,往往至关重要但平淡枯燥,商业价值不大。而这些信息需要系统地、经常地提供,不可偏废,不可时有时无。对权力和利益集团,则需要全天候的监控,而这些都要求新闻体制性地存在。比方说,医院不应当是商业组织,而应该是机构和体制,如果医院是商业组织,那医院的宗旨就成了赚钱而不是救死扶伤。作为体制性存在,消防队、警察局无所事事才是理想状态。同理,新闻业作为公共服务机构,尤其它的警示监督功能,即一般所说的稻草人和看门狗,存在的本身就是意义。

稻草人效应,顾名思义是新闻媒体的存在本身即有警示威

---

① The Knight Commission on the Information Needs of Communities in a Democracy, *Informing Communities: Sustaining Democracy in the Digital Age*, 2009, open access, https://knightfoundation.org/wp-content/uploads/2019/06/Knight_Commission_Report_-_Informing_Communities.pdf.

② Federal Communication Commission: *Information Needs of Communities*, 2011, https://www.fcc.gov/general/information-needs-communities.

慑作用。"看门狗"更进一步，就是一旦有事，会真的去嗅、去挖、去咬。这些是要强大的组织力量，而非个人能力所及。

新闻缺席的后果

不是所有人都认同民主真的需要一个新闻界，比如加州大学圣地亚哥分校政治学教授帕布肯（Samuel Popkin）就对所谓新闻在政治中的作用不以为然，认为所谓新闻的作用更多的是新闻界自我神圣化，即使真的需要，从历史上看新闻媒体没有起到这样的作用。[①] 正如"维新"派所坚持的，即使传统的报纸电视消亡了，完全也用不着担心，因为新媒体、社交媒体完全可以取而代之。

真的如此吗？我们不妨搁置一下争论，来看看活生生的现实。

美国南加州洛杉矶近郊有一座小城，名叫贝尔（Bell），人口不到四万，人均年收入不到 3 万美元，1/6 人口生活在贫困线以下。

20 世纪 90 年代末，贝尔小城聘请了一位市政经理（city manager）。这个所谓的市政经理是由市政委员会聘请来管理城市事务的专业人士，也可以说是这个城市的 CEO，因为选举出

[①] Samuel Popkin, *The Reasoning Voter: Communication and Persuasion in Presidential Campaigns*, Chicago: The University of Chicago Press, 1994.

第 14 章
"稻草人"与"看门狗":作为体制的新闻业

来的市长和市政委员会并不一定懂城市管理。开始的年薪 7 万多美元,这已经不低了,美国平均家庭年收入也就三四万美元。

贝尔原有一家报纸《贝尔实业邮报》,创刊于 1924 年,进入 90 年代以后,由于互联网的冲击,难以为继。贝尔小报倒了几次手,在市新领导班子上任不久便倒闭了。

随后的十多年里,市政府的一干人马,为自己开出了天价的薪水。经理的固定年薪从 7 万美元升至 80 万美元,加上各种福利,年收入超过了 150 万美元,美国总统的年薪也不过 40 万美元,而警察局长的年薪达到了 40 多万美元,是洛杉矶这个 600 万人口的市警察局长的两倍。2010 年,《洛杉矶时报》的记者偶然得到了爆料:贝尔市政经理拿着全美最高的城市经理年薪,前去调查,贪腐的盖子终于被揭开,结果,包括市长在内的七位市领导被控侵吞公款,最高的判了 12 年。而《洛杉矶时报》由此获得了 2010 年度的普利策公共服务奖。

虽然我们不能说当地报纸的倒闭导致了贪污行为的发生,至少可以说新闻的荒漠给这帮蛀虫提供了便利和侥幸,竟然能持续十多年而安然无恙。要说起来当地的老百姓也不是没有听到一些议论,据称有好事、胆大者前去问询,结果被当权者弄了份假工资单搪塞过去。我们可以设想一下,如果当地的报纸还活着呢?这家报纸的一位前记者说得好:"这正是为什么城市需要一个报纸做市民的看家狗,这是脸书发个牢骚帖或者写一个马后炮的博客万难胜任的。"人人都是记者又怎么样?当时贝尔市政府的网页不是非常及时地发布会议议程和会议纪要吗?

在线 在场 在地
新闻的未来

对于普通市民来说，上了一天班，还要带孩子，忙家务，谁会有空有兴趣去关注政府的网站发布了什么，即使看了数据报表，又如何去验证真实性、准确性。即使是记者，也需要不断学习，提升自己，来破译官僚们有意来欺骗人民的数据和报表。

而类似贝尔这样的小城镇在美国有几百个几千个，失去了当地的报纸，成了新闻的荒漠，这是人人即使24小时抱着手机刷屏都弥补不了的。

在加州旧金山硅谷的中心地带，有一个小城叫东帕里阿尔托（East Palo Alto），往南不到5英里就是谷歌总部，苹果总部也就不到13英里，毗邻的还有脸书总部、惠普总部，又紧挨着硅谷的神经中枢斯坦福大学。然而，这样3万多人的城市，由于没有自己的新闻媒体，也难逃新闻荒漠的命运，别说日常事务，就是市长选举，也不见一个字的新闻报道。

数字时代，社会被逐步媒介化，照理更应该有一个独立的、专业的体制性的新闻机构来提供公共服务，而实际上，新闻业正在遭受体制性崩塌。当然，这不等于说报纸不能死掉，但是，全社会都应该充分认识到新闻作为体制性存在的重要性，避免新闻的碎片化和荒漠化。正如舒德逊在《为什么民主需要一个不可爱的新闻界》中强调的那样：新闻作为一个有组织的体制性的质疑机构，是民主得以存在的基石。

第 15 章

在线、在场与在地：新闻的距离与公众信任

　　新闻必须长久地沉浸，必须成为现实一部分才能不隔。不隔的实现，可以通过在线，在场，更重要的是在地。在地性是恢复和重建公共信任的重要途径，如果不是唯一的途径。有了在地性，有了共享的现实，才有可能共情，才能有认同。因为在地，一方水土一方百姓，不再是安德森所讲的"想象共同体"，不再是李普曼所说的"大脑里的图像"，而是理智和情感交织的现实，新闻机构和新闻记者成为这现实的一部分。

在线 在场 在地
新闻的未来

新闻的在线、在场与在地，一连用了三个"在"，不仅仅是因为顺口，更是因为这三者虽然都涉及新闻与所报道和服务的对象的距离，然而做新闻的理念和方式，深究起来却有很大甚至本质的不同。三个"在"中，重点是最后一个，即在地。加入在线和在场，是为了通过比较，从而更好地讨论在地。而讲在地的根本目的是要提出一个命题：即新闻的在线和在场，虽然在新闻传统话语与实践中已是常规，但是仅仅在线和在场是远远不够的，即使元媒介、元宇宙提供了多么玄妙的在场或拟在场。也许恰恰因为人类社会越来越媒介化、拟态化，新闻的在地才显得更为必要和紧迫。在地才是联结公众（engagement）、重获信任的关键。新闻生产由在地，到共情，再到信任，才有可能"脱贫""脱困"，商业上自立，政治上负责，担负起寻求真相、监督权力和提供公共论坛的使命。

失信的新闻与失落的真相

无论什么历史阶段，何种体制，信任都是人类社会正常发

第 15 章

在线、在场与在地：新闻的距离与公众信任

展的前提。

《论语》中子贡问政于孔子，孔子曰："足食，足兵，民信之矣。"子贡追问："必不得已而去，于斯三者何先？"曰："去兵。"子贡还要二选一："必不得已而去，于斯二者何先？"曰："去食。自古皆有死，民无信不立。"

民以食为天，孔子为信连天都不顾了，可见信之重要。而孔夫子这两千年前的话正好点到了当前新闻业的死穴，那就是公信力的丧失。如果勉强套用一下老夫子的理论，把整个新闻信息生产与传播，包括传统媒体、社交平台、自媒体等，作为"政"，把新闻生产的生产资料（包括资产、设备、技术等）比作"食"，把新闻生产的人力资源作为"兵"，那么，从总体上讲，没有任何一个历史阶段比现在更足食足兵的，然而，不幸的是，单单缺了最为重要的公共信任。

差不多一个世纪前的1914年，美国新闻学会通过的新闻人信条开宗明义：新闻的根本是公众的信任，而衡量新闻优劣的唯一标准是公共服务。

然而，令人失望的是，当前的新闻业，无论线上线下，传统媒体还是数字媒体，公共信任滑到了历史最低。据牛津大学路透新闻研究所2021年年报，全球范围，公众对新闻媒体的信任度不到50%，而几个西方国家新闻领头羊，如美国、英国、德国等，新闻公信力在30%上下。[1] 这也解释了为什么传统新

---

[1] Reuters Institute of Journalism, Oxford University, *2021 Digital News Report*, https://reutersinstitute.politics.ox.ac.uk/digital-news-report/2021.

在线 在场 在地
新闻的未来

闻业转型转了20多年却越转越不成形。其间,有资本包括公益和慈善基金的注血,算法、大数据的加持,经营模式的与时俱进,近年来更有可以监控用户一举一动的实时用户行为跟踪系统,仍然无法从根本上扭转局面。更令人痛惜的是:尽管有各种各样的高科技手段用于信息采集、验证,社会却陷入一个真假难辨的后真相时代,假新闻充斥网络。麻省理工学院媒介研究所的一项研究发现,假新闻的传播速度和深度居然是真新闻的7—10倍,[1] 真是应了《红楼梦》里的"假作真时真亦假"了。假新闻猖獗原因多种,但一个重要原因,是新闻业公信力的丧失。假如新闻业有很高的公信力,试问假新闻会有那么大的市场吗?

当然,新闻的公信力下降不仅仅是新闻业本身的问题,而是整个社会层面的问题。谁曾想,几千年思想的光辉、科技的发展、历史的教训都无法阻止人类社会陷入这令人无比尴尬的事实危机,这无异于对人的理性甚至智商提出了根本的挑战。美国学者福山在一次演讲中很好地概括了这一现象:"在2016年极度反常的政治环境中,最令人称奇的一幕是'后事实'世界的兴起——几乎所有权威来源的信息都遭到质疑,并受到可疑的、来路不明的事实的挑战。民主制度面临全面困境的直接产物是,无法就最基本的事实达成一致,美国、英国及世界各国无不如此。

---

[1] Soroush Vosoughi, Deb Roy and Sinan Aral, "The Spread of True and False News Online", *Science*, Vol. 359, No. 6380, March 8, 2018, pp. 1146–1151.

第15章
在线、在场与在地：新闻的距离与公众信任

而当读者所信任的信息并未在舆论场上占据上风，或者他所不相信的信息成为赢家，那就很现成地归结为阴谋论。"

这个"后真相"时代的出现，是社会公信力特别是新闻媒体公信力触底的后果之一。大家都了解，任何政权统治的基础是公众的信任，特别是民主体制，是一种社会契约，权力民授，政府是必要的恶，公共信任成为其合法性的根本。没有公共信任，政府以及各种社会组织的权威性必然受到损害，全社会没有基本共识，行动力降低并为此付出代价。最为方便的例子无过于已经连续三年的新冠疫情。美国让人困惑甚至绝望的不是反反复复的疫情，而是疫情被政治化，甚至科学医学都失去权威性，活生生的死亡案例都无法说服某些人去打疫苗戴口罩。由于缺乏公共信任，新闻也陷入窘境：即使你把新闻验证了千百遍，他（她）对你的白眼不改变。信息的茧房一旦陷入，就很难自我解脱，甚至会患上斯德哥尔摩综合征，明知是虚假新闻，还是要去相信和传播。

那么，新闻如何才能赢得公众信任？传统的观点认为首先是要客观报道、平衡报道、避免情绪等。问题是，正如上面所讨论的，如果没有信任，再客观再中立的报道也会被质疑，从而成为一个无法化解的死扣。因此，赢得公众信任的起点和基础不是客观报道，而是共情。然而，新闻的传统，至少在理论上，是忌讳同"情"沾边的理念和做法的，为此，通常的做法就是不仅要同权力保持距离，也要同民众保持距离。《大公报》有"不党、不卖、不私、不盲""四不"，曾作为当时中国新闻

业的专业主义标杆，西方的新闻专业主义可以在这"四不"上加上一个"不群"，认为"不群"有助客观。然而，"不群"作为保持独立性的理念无可厚非，但是，在实践上，理念上的独立性往往变成了精英意识的傲慢，同公共服务的根本宗旨背离。因此，共情和信任的获得首先需要摆正新闻的位置和距离，不但要在线、在场，更要在地。

在线、在场与在地

在线比较简单，涉及新闻"五W"中的When，可以理解为新闻全天候。在线其实在数码时代以前，通信卫星升空民用，出现CNN等有线电视网就开始了，而到数码时代更成为新闻报道的常态。当然，引申一点，在线也可以指新闻媒体的工作状态（readiness）。从绝对的意义上讲，24小时播出并不等于在线，而从当下的情形看，除了处于食物链顶端的少数几家，新闻业总体来讲，在线是削弱的，别的不说，单是新闻从业人员的人数，近二十年几乎减半，即使24小时在线，也是值班不值勤，遑论报道的深度和广度。

在场和在地涉及新闻"五W"的Where。在场作为一个学术概念，多见于社会学和人类学，例如吉登斯对在场（presence）和缺场（absence）的界定和诠释。[①] 在场也可以用布迪

[①] Anthony Giddens, *The Constitution of Society: Outline of the Theory of Structuration*, Cambridge: Polity, 1984.

第15章

在线、在场与在地：新闻的距离与公众信任

厄的场域理论来理解。场域（field）原指物理学重力磁力的空间，布迪厄将之作为一个社会学概念，认为人的行为都会被行动所发生的场域影响，而场域并非单指物理环境，也包括他人的行为及与此相连的诸多因素。布迪厄的"场域"大约可以解释为新闻的在场，新闻作为一种社会活动、公共服务，当然会时刻受到场域的限制和影响。

吉登斯的"在场"和布迪厄的"场域"给社会学家去阐释。但就新闻学的理论和实践来讲，在场就是新闻生产的过程中的"现身"。在场可以说是新闻的标签，也是新闻区别于文学、历史的根本所在。文学是虚构的在场，而新闻则是真实的在场；新闻是在场的此时此地，历史则是缺场的彼时彼地。新闻（journalism）商业化的一个重要的标志是出现了记者现场的报道，所谓的见证人新闻（witness news）。

从某种程度上讲，新闻的本质就是在线和在场的实现。新闻的现场性受时空限制，而随着传播科技的进步而拓展，一直到标配的现场直播。随着科技的进一步发展，现场深入虚拟化，再而延伸到元宇宙等。元宇宙，如果理解为现实、增强现实和虚拟现实融合的身外身、世外世，那就不单单是新闻报道的在场，而更是受众的在场，现在的沉浸式新闻可以说是初级阶段。科技增强了受众的在线与在场，虽然这是一种建构的媒介化在场。

在地或者说在地性，在学术上是现象学一个非常有用的概念，近年来也被运用到传播学领域，特别是全球化背景下的国

在线 在场 在地
新闻的未来

际传播。现象学认为日常生活的具体反映意义，而对这些意义的理解与诠释，则必须回到特定的社会和文化环境中去，是一个地方化的过程。传播学应该研究这些特定情境下的现象，而不是空洞的概念和规律。特定的情景和条件，具象和抽象可以相互观照。比如，全球化就是个双向的过程。这句"越是民族的越是世界的"的口号，且不论逻辑上是否自洽，作为在地性的一个例子大抵是可以说得通的。

新闻的在地虽然同在场有许多重合，却比在场更进一层。如果说在场是主体（记者）同客体（报道及服务对象）距离的缩短，那么在地则是主体同客体时间上的同步和空间的一体。在地不仅仅是在场，而是作为群体一员的共同经历。

新闻的在地可以有不同的方面。首先，是新闻机构落地，成为一个地方有机的存在，犹如其他公共服务机构，如医院、图书馆、学校、邮局等，这是实实在在的在地。传统上，这个在地主要指地方新闻，当然也包括常驻的非地方新闻机构。在地当然不仅仅满足于物理上的存在，这个存在必须是行动的，不然就是美国学者阿波纳森（Penny Abernathy）所说的幽灵报纸（ghost newspapers）[1]，虽然没有关张，却只有几个人在撑门面，几乎没有原创新闻报道，不过是行尸走肉而已。

在地性一个更为重要的意义是新闻机构作为一方水土的政

---

[1] Penny Albernathy, *News Desert & Ghost Newspapers*, Chapel Hill, NC: University of North Carolina Press, 2020.

第15章
在线、在场与在地：新闻的距离与公众信任

治和文化象征。报社或者其他新闻机构的办公楼往往是一个地方的物理和精神地标，是一个非常重要的却常常被忽略的存在。一般来讲，一个城市的中心，除了政府大楼、车站、电报大楼、银行外，地标建筑还往往包括报社或者电视大楼、电视转播塔等。报社和电视台大楼不仅仅是地标中心，也是权力和文化的象征。上海有东方明珠，广州有小蛮腰，北京有央视大楼，纽约的时代广场也是因《纽约时报》大楼得名——实际上应该称作时报广场才正确，犹如英国的《泰晤士报》应该译为《时报》，因为它同泰晤士河没半毛钱关系。这不仅仅限于大城市，在小城镇，报社大楼更是占据着中心位置，骤显新闻的力量，也是在地性的突出体现。著名美国华裔地理学家段一孚先生在《空间与地方：经验的视角》一书中谈到了地方（place）和地点（location）的区别。① 他说，地点只不过是一个地理位置，而地方却是故乡与家园；地方有独特性，具有历史文化意义，承载着一个族群的经验与梦想。中国的传统文化中，地方更是如此，是"在那遥远的地方，有位好姑娘"，是"一条大河波浪宽，风吹稻花香两岸"。地方是沈从文的边城，戴望舒的雨巷和老舍的茶馆。

在场是客，在地是主。在线、在场与在地的过程，抑或可以用英文的 space—place—sphere 来理解，在地就是将一个空间

---

① Yi-fu Tuan, *Space and Place: The Perspective of Experience*, Minneanoplis, MN: University of Minnesota Press, 2001.

地点（space）转化为地方（place），再而变为公共领域（public sphere）的过程。在地可以看到在场看不到的东西，通过共情和信任，最终实现公共服务。

在地、共情与信任

牛津词典把信任定义为对某人或某物的品质，或者某一陈述的真实性、可靠性持有的信心。吉登斯从哲学、社会学、心理学等角度对信任的起源有充分的探讨，认为信任起源于个体的安全需求，是对他人或者体制可靠性的信心；信任在社会的团结和建构中，起着根本的基础性作用，社会越复杂，信任就越成为必需。

公共信任简单来说是对制度以及制度性机构和个人的信任。公共信任是民主体制合法性的基础，也是一个社会能够令行禁止的前提，而社会的运转，除了靠法律，更多的是要靠公众的自愿配合，特别是在吉登斯所说的高风险社会，如果没有公信力是不可想象的。

然而，从20世纪后半叶开始，从世界范围来讲，部分政府的公信力持续下降。单就美国来看，从1960年到2019年，美国联邦政府的信任度从肯尼迪的80%一直掉到了特朗普政府的20%多。不过有意思的是，公信力的下降主要发生在联邦政府这一层，州政府公信力下降有限，依然有60%—70%，信任度最稳定的是地方政府（县和市），在70%以上。这充分说明信

第 15 章
在线、在场与在地：新闻的距离与公众信任

任同在地性正相关，有地气才会有底气。

在美国，新闻作为体制的一部分，其公信力呈现差不多的走势，即全国性的新闻媒体公信力最弱，而地方新闻的公信力较高。

牛津大学路透新闻研究所2021年的报告发现，新闻公信力的影响因素，主要有下列六条：

1. 真实；
2. 透明；
3. 言行一致；
4. 积极正面；
5. 包容、多样性；
6. 同所在的社区有共同使命和追求。

这六条明明白白就是指荣辱与共，也就是说在地是信任的重要条件。

在地性的削弱和缺失恰恰是新闻业的软肋。可以说，新闻最大的失败不是互联网的冲击、社交平台的压榨，而是失去在地性，从而也就失去了公共性的基础——共情和信任。长期以来，新闻业一边喊着狼来了，一边有病乱投医，换着各种药方，敲锣打鼓，热热闹闹，就是敲不到点子上。更多诉求于技术，通过技术手段来增强在线和在场，却没有意识到在地性才是关键。新闻界想当然地认为自己戴了个公共服务的高帽子，就占领了道德制高点，公众就应该从善如流。再不就是给公众上市场入门课，讲言论自由不是免费的，等等。公共信任需要通过

在线 在场 在地
新闻的未来

真诚的行动去培养和赢得，而不是凭号召或者说服。而赢得信任，不仅仅需要在线、在场，更重要的是在地。

传播科技的发展使在线和在场变得轻而易举，通过无人机、卫星定位、实时监控镜头、可穿戴设备，甚至增强现实、虚拟现实，都可以实现在线和在场，甚至无记者到场的在线和在场。然而，只有在地才能做出真正切合实际的有价值的新闻。举例说，国际新闻的报道，最大的挑战不是在不在场，而是是否了解当地人的政治社会生态、新闻的背景等，这就是为什么国际记者即使能熟练使用当地的语言，也需要助理，也需要长期驻扎的原因。

在地性的缺失有诸多方面的表现，突出的一点，是地方新闻媒体的大量倒闭，许多地区形成了所谓的新闻荒漠。即使在信息业发达的中心城市，也有许多社区由于贫穷等原因被媒体所忽视，成为城市中的新闻荒岛。而品牌大报、电视网是无暇也无动力去顾及这些荒漠和荒岛的。它们的在地是精英化的在地。这些精英新闻也并非没有意识到这个问题。《纽约时报》前总编迪恩（Baquet Dean）曾承认："我们本该做得更好，应该在路上，在乡村，与不同的人们交谈，特别是纽约以外的人，纽约不是真实的世界。"

不过，也有观点认为，有了用户跟踪数据，新闻编辑部完全可以了解受众的需求，而且比在场、在地所能了解的信息更具体、更及时、更准确。这种观点似是而非。大数据和算法并不能解决在地性问题。这里不妨借用哈耶克经常被引用的一段

第15章
在线、在场与在地：新闻的距离与公众信任

话。哈耶克说："我们必须运用的有关各种情势的知识（the knowledge of the circumstances），从来就不是以一种集中的且整合的形式存在的，而仅仅是作为所有彼此独立的个人所掌握的不完全的而且还常常是相互矛盾的分散知识而存在的。"① 这句话听起来很绕，通俗地讲，就是说一时一地的具体知识，是分散在每一个个体中的。具体到新闻生产，这些一时一地的知识很难被蜻蜓点水式的采访捕捉到。退一步讲，即使记者采访到了对的人，起码还有两道需要跨越的门槛。首先，必须假定被访问者可以清晰地表述自己的感受和见解；其次，这些表述可以被记者准确完整地理解。问题是，就新闻实践来讲，普通人面对媒体往往是不知所措或者言不由衷的，除非是训练有素的政客或者公关。采访是需要记者的问题去挖掘的，而记者只有在地才能问到点子上，才能对采访的对象和所涉及的问题有充分理解。只有在地才能敏感，只有在地，才能"不隔"。

"不隔"是王国维《人间词话》的核心概念。照王国维看来，话语都在眼前，便是不隔。陶渊明"采菊东篱下，悠然见南山"，不隔；苏东坡"明月几时有，把酒问青天"，不隔。也就是说直接的生活体验客观地再现，而能被读者体验，就是不隔。王国维先生的"不隔"其实就是西方话语中的共情。中国诗词对一个中国人"不隔"，对一个外国人可能就"非常隔"

---

① ［英］弗里德利希·冯·哈耶克：《个人主义与经济秩序》，邓正来编译，复旦大学出版社2012年版，第86—87页。

了。例如月亮，中国人和外国人肯定共的是同一个婵娟，但心理的距离必定不同；中国人的月亮绝对比外国的圆。外国人很难体会到"举头望明月，低头思故乡"的情感，这就是文化的在地性。

新闻生产要做到不隔，首先自然需要在场，需要熟悉当地的风土人情，也可以说要做到社会学人类学意义上的在场。然而这远远不够，因为新闻生产迥异于社会学和人类学的学术研究，学术可以清高，不考虑现实的功利性和紧迫性，而新闻却是实践行为，它不可能像做学术那样深入现实却又从现实中抽离。新闻必须长久地沉浸，必须成为现实的一部分才能不隔。不隔的实现，可以通过在线，在场，更重要的是在地。新闻不隔就是共情，共情是信任的基础，而信任是新闻的根本。这个很容易理解，如果你只是降落伞记者，你的目的只是为了一篇稿子，没有得失，不可能有真正的共情。

新闻业的救赎，已经尝试了多种路径，慢新闻，方案新闻，建设性新闻，计算新闻，智能新闻等。结果呢，非但没有赢得受众，相反权威性进一步消解，动辄被人喊假新闻，说声名狼藉恐怕也不过分。而一贯自诩的独立性非但没有增强，却因为脱离群众，独立变成了孤立。

在地性是恢复和重建公共信任的重要途径，如果不是唯一的途径。有了在地性，有了共享的现实，才有可能共情，才能有认同。因为在地，一方水土一方百姓，不再是安德森所讲的"想象的共同体"，不再是李普曼所说的"大脑里的图像"，而

第 15 章

在线、在场与在地：新闻的距离与公众信任

是理智和情感交织的现实，新闻机构和新闻记者成为这现实的一部分，记者也许就是你的邻居，你们的孩子也许上同一所幼儿园，而失修的桥梁，堵塞的交通，被盗的汽车，不再是媒介化的消息，而是活生生的现实。用一句流行歌词来讲，在地就是悲伤着你的悲伤，幸福着你的幸福。新闻媒体和受众在一个频道和频率，还有比这更强的共情、更强的信任吗？当然，也会有人说，新闻客观，需要距离，问题是，你原本就没有进去，奢谈什么距离？没有在地的主观，客观无从谈起，因为你根本就不知道你自己的位置在哪里。

那么，既然在地性如此重要，为什么新闻业不去做呢？回答很简单：钱不在那里。新闻付费时代，订户成为主要收入流，当然哪里有钱哪里去，在地、共情、信任当不了钱花。毫不夸张地说，现在新闻经营模式的拜金主义，甚至超过了 19 世纪的黄色新闻。黄色新闻时代，无论如何还有草根的位置，起码还"哗众取宠"，而今新闻几乎是彻头彻尾的精英主义。新闻充斥的是事不关己却争得面红耳赤的专家学者，以及面容姣好、衣着光鲜的娱乐明星，而不是被现实的尘埃砸得蓬头垢面的张三李四。

第 16 章

新闻的未来：媒介化社会的"公事公办"

既然新闻是民主的必要条件，信息的获得权就不应该以金钱的有无、多少来决定。而目前付费墙模式的实质是新闻进一步商品化和精英化，背离新闻公共服务的宗旨，被付费墙隔在外面的恰恰是最需要信息的那部分人。这并不是说未来的新闻只能公办，有公共、有商业、有公益、有机构、有个体的多元体制自然是优选。然而，必须明确的是：没有公共的投入，新闻注定没有未来，商业模式中的受众会永远只是消费者。

第 16 章
新闻的未来：媒介化社会的"公事公办"

与工业时代有序的累进式发展不同，科技进步如今进入一个爆发式的且往往是颠覆性的阶段，犹如一本刚印好的日历，还没等翻开就已经跨年。因此，任何对未来的预测都近乎妄言。不过，有一点可以确定：人类社会已越来越媒介化。所谓社会的媒介化，简单来讲，即媒介技术对社会的全方位介入和渗透。这个媒介化过程夸张一点可以追溯到文字的诞生，而古登堡印刷机的普及则使媒介化驶入快车道。从麦克卢汉的"媒介即信息""媒介是身体的延伸"，到互联网、社交媒体、算法、大数据、智能传播，再到元宇宙，媒介技术不仅作为工具影响和改变了人类社会，而且定义了个人以及社会生活的意义。从某种程度上讲，人的主体性正在逐步消解，被技术异化，量子科学、生物工程、纳米技术等新技术革命甚至会改变人本身。人类社会如果不说走到了历史的尽头，起码可以说已深深陷入了吉登斯（Anthony Giddens）所说的高风险、高机遇社会，不确定成

在线 在场 在地
新闻的未来

为常态。① 面对不确定的未来，可以悲观躺平，也可以积极能动，着眼未来的愿景，着手当下的改变。

新闻就处于这样一个不确定的宏观生态中。人类社会究竟会步入一个什么样的历史阶段？遵从什么样的道德标准、价值观？什么样的政治、经济和文化体制才能满足和维护这个道德和价值观？而新闻在这个体制中有什么样的使命？什么样的新闻体制才能保证新闻去承担和完成这样的使命？这是讨论新闻的未来必须首先考虑的问题。

在展开讨论之前，有两点需要说明。首先，这里的新闻指的是 journalism，中文可对应为新闻事业，泛指一切以公共服务为主旨的新闻生产和传播，无论专业业余，线上线下，所以，这个新闻的未来虽然同传统新闻业关系紧密，但这里的讨论并不限于传统新闻业，再明确一点地说，不纠结于传统新闻业的救赎。其次，虽然谈的是新闻的未来，但却无意做什么预测或者描绘什么蓝图。姑且不论大部分的预测，特别是专家大咖的预测，通常都极不靠谱——著名预测研究专家菲利普·泰德拉克（Philip Tetlock）和丹·加登（Dan Garden）研究了仅半个世纪来的各种预测，发现最大牌的权威可靠性还不如让大猩猩猜哪只手里有香蕉。② 更根本的是，正如俗话所说的：创造才是

---

① Anthony Giddens, "Risk and Responsibility", *Modern Law Review*, Vol. 62, No. 1, 1999, pp. 1–10.

② Philip Tetlock and Dan Garden, *Superforecasting: The Art and Science of Prediction*, New York: Crown Publishers, 2015.

第16章
新闻的未来：媒介化社会的"公事公办"

对未来最可靠的预测。因此，关于新闻的未来，要紧的是研究当下。当然，这个问题很复杂，牵扯到方方面面。本书仅限于阐述这样一个论点，即：除非人类进入一个超人或者干脆"非人"社会，量子传播也好，元宇宙也罢，无论如何媒介化，人类社会将依然会或者说应当以人为本，新闻必须是不可或缺的体制性存在，而这个存在的合法性和意义在于其公共性，即新闻提供的是公共服务，公共服务必须由公共来承担，这就是所谓的新闻事业公事公办。

预设与前提

对人类社会未来的判断，大致有乐、悲两大派。乐观派拥趸技术决定论或者技术胜天论，相信科技革命将一如既往地为人类带来福祉，使人类获得空前的自由和解放。比如说基因密码很快会被破解，人类可以冲破疾病困扰，颐养天年，甚至可以长生不老，超越生命，进入一个无生无死无有无灭的极乐世界。另一派则没有这么乐观，认为技术将完成对人的彻底异化，人类陷入一个悖论无法解脱：一方面可以长生不老，而另一方面，人类时时刻刻可以自我毁灭——核武器是也。要走出这个困境，人类就必须进化到更为高级的形态。怎么办？英国皇家天文学家、剑桥大学教授马丁·雷斯爵士（Martin Reese）在《关于未来：人类的前景》一书中谈道：达尔文模式的进化将终止，人类社会进入后人类阶段，即无机化。因为人类的湿大脑（wet brain）受有机代谢的限制，将无法承担智能社会的计算要求，而无机的干大脑（dry brain）必将取代湿大脑。[1] 这个无机的干大脑大概率会是人类创造的智能机器人。据预测，再过25年，任何一台计算机的智商将达到人类的平均水平，再过50年，任何一个机器人拥有的智力和知识将超过世界所有智力和知识的总和。

大家一定都听说过科幻作家费德里希·布朗（Federic Brown）那篇恐怖却天才无比的一句话科幻小说："最后一个地球人坐在房间里，突然听到了敲门声。"布朗早在70多年前还写过一篇非常有名的微型科幻小说，名叫《回答》，说是地球人终于集宇宙之智慧、日月之精华，造出了一台超级机器人，然后迫不及待地问了一个问题："到底有没有上帝？"机器人想了想，答道："现在有了。"

如果真到了那一天，人们恐怕只能膜拜，希望这个机器人上帝能有菩萨心肠，超度众生，而不是进行末日审判。然而，人类如果要避免被机器人统治和奴役，就必须进化到另外一个层次，犹如直立人到智人的转变。照雷思的说法，其路径之一就是人类中需要有一批先驱移民到外层空间，从而可以在法外之地无所顾忌地使用和完善在地球被伦理道德所限制的技术，而外层空间恶劣的环境不适合人类的居住，这些人类的先驱为

---

[1] Martin Reese, *On the Future: Prospects for Humanity*, Princeton: Princeton University Press, 2021.

第16章
新闻的未来：媒介化社会的"公事公办"

了生存就必须利用技术来彻底改变自我，脱胎换骨，从有机变无机，成为新的物种。

之所以对于人类社会的未来啰唆了一大段，除了特别有意思、使人脑洞大开以外，主要想引出这样一句话：如果真的进入这样的后人类社会，那就省心省事省笔墨了，根本无须纠结什么新闻的未来。不是不关心或者不相信这样的后人类社会有可能出现，而是人类社会都走到了尽头，还谈什么民主和新闻？讨论新闻的未来必须基于以下的前提或者说信念。

其一，无论什么样的未来，这个未来应当是以人为本的社会。虽然正如哈佛大学教授祖波夫（Shoshana Zuboff）在《监控资本主义：在新的权力前线为人类的未来而战》一书中所担忧的那样，技术正变为资本盘剥的工具，人文被逐渐边缘化，然而，应该也必须相信人类有自觉有智慧纠偏，将科技的发展纳入人本的轨道。[①]

其二，这个以人为本的社会，遵从人文主义的道德伦理和价值观，包括自由、平等、尊严、正义等，真、善、美为其根本追求。

其三，民主是人类实现以上核心价值和理想追求的最为可取的制度保证。当然，这个民主体制也并非只有一种模式，也不限于东方西方，一如马克思所讲，民主是历史的发展阶段，

---

① Shoshanna Zuboff, *The Age of Surveillance Capitalism: The Fight for a Human Future at the New Frontier of Power*, Reprint Edition, Public Affair, 2020.

民主有阶级性，同时也有普遍性。再者，民主并不完美，甚至会产生多数人的暴虐，然而，正如丘吉尔所说："民主糟透了，问题是我们还没有找到更好的。"中央党校主办的《学习时报》曾转载中国政治学家俞可平的文章《民主是个好东西》。文章认为在人类迄今发明和推行的所有政治制度中，民主是弊端最少的一种。

其四，民主社会的核心是公民自由、平等的自我管理。这样的体制，无论是直接参与制，还是代议制，都要求公民的知情参与，而这个"情"必须真实、可靠和准确，求真因而是民主的特质和必需。

其五，新闻在民主体制中不可或缺。一般来说，新闻有三大功能，即提供信息、监督权力、提供论坛。新闻对于民主制度的重要性自不带说，杰弗逊曾说"宁要报纸，不要政府"，凯瑞（James Carey）强调新闻是民主的同义词[1]。舒德逊先后写过三部书——《为什么民主需要一个不可爱的新闻界》[2]、《为什么新闻依然重要》[3]和《新闻：为什么重要》[4]，对新闻在民主制度中的重要作用做了详尽的论述。

---

[1] James Carey, "Journalism and Democracy Are Names for the Same Thing: A Book Raises Journalists From Their Self-interested Complacency", *Nieman Reports*, June 15, 2000.

[2] Michael Schudson, *Why Democracy Needs Unlovable Press*, Cambridge: Polity, 2008.

[3] Michael Schudson, *Why Journalism Still Matters*, Cambridge: Polity, 2018.

[4] Michael Schudson, *Journalism: Why It Matters*, Cambridge: Polity, 2020.

第 16 章
新闻的未来：媒介化社会的"公事公办"

其六，新闻提供的是公共服务。公共服务的对象和预期的后果是公民而不是消费者，公共服务的衡量标准是公民的民主参与程度而不是商业利润的高低。但是，公共服务是有成本的，公共成本需要公共承担。

这样的前提或者说信念，从规范理论上决定了新闻的未来应该也必须是怎样的未来。背离了这个前提，谈论新闻的未来就没有意义。而要讨论新闻的未来，首先需要破除历史的迷思。破除迷思，就是把新闻的规范性理论话语同新闻的实践区分开来，即不将理想的应然作为实践的已然，正确认识现实的危机，从而着手现在，影响未来。

历史的迷思与现实的危机

新闻在民主社会的角色和地位是随着现代化的进展而逐渐确立和丰满起来的。在过去的一百多年的时间里，新闻业逐渐获得了市场垄断并占据了道德制高点，至少在其元话语中，独立、客观、平衡、公共服务成为其自我标榜的标配话语。之所以说自我标榜，是因为在相当大的程度上，这些理念在成为新闻理想追求的同时，也常常被新闻业用来拉大旗做虎皮，以减少社会特别是政府的干预，"独立""自由"地获取商业利润。在这个历史发展过程中，新闻创造了闪光点，同时也制造了不少迷思。

首先一个迷思是新闻业有一个所谓的辉煌的黄金期。一般

在线 在场 在地
新闻的未来

认为美国新闻业的黄金期在20世纪六七十年代。在这个黄金期，以水门事件为巅峰，新闻业不辱使命，创造了公共服务的典范。舒德逊在《美国人记忆中的水门事件：我们如何记住、忘记和重建过去》一书中写道，两个年轻的新闻记者不畏强权，把一个坏总统拉下马，不仅成为新闻的神话，而且成为美国的国家迷思。① 水门事件历史权威库德勒（Kutler）在其《水门的战争：理查德·尼克松的最后危机》中，梳理了后续披露的各种文件和材料，结论说新闻界的作用被严重夸大，水门事件中的所谓黑幕猛料并非源于新闻界的"扒粪"，而是当时的联邦调查机构有步骤有计划的泄密而已。②

然而，破除迷思并不是要否认新闻的巨大作用，而是说不能沉湎于宏大叙事，自觉不自觉地自我神圣化。实际上并不存在一个辉煌而完美的新闻传统，可以来继承和发扬光大。如果真有一个完美的传统，谈新闻的未来就比较简单，恢复继承就完了，犹如孔老夫子崇尚周礼，"郁郁乎文哉，吾从周"。

第二个迷思，是说传统新闻的商业模式曾经支撑新闻的公共服务。或者直白一点：新闻的公共服务可以市场化。传统新闻的公共服务有利可图，纯属特殊的历史巧合，公共新闻从来没有一个成功的商业的模式。

---

① Michael Schudson, *Watergate in American Memory: How We Remember, Forget, and Reconstruct the Past*, New York: Basic Books, 1993.
② Stanley Kutler, *The Wars of Watergate: The Last Crisis of Richard Nixon*, New York: W. W. Norton & Company, 1992.

第16章
新闻的未来：媒介化社会的"公事公办"

那么，新闻公共服务的有利可图是在一个什么样的历史环境和条件下得以形成和实现的呢？就美国的情况而言，可以总结出以下几点。

1. 宪法保障的法律地位。美国第一宪法修正案明确国会不得立法来限制新闻出版自由，虽说新闻界在理论上没有超乎法律的特权，但事实上新闻界享有诸多特权和便利，比如美国大多数州都有《盾牌法》（Shield Law），赋予记者不透露信源的特权。

2. 新闻业享受政府各种形式的补贴，最为现成的例子是印刷品邮资的优惠、广播电视频率的使用等。

3. 有限的市场竞争，在后期几乎形成寡头垄断。

4. 收入的主要来源是广告而不是读者。

5. 把关人地位。

6. 有相当高的公信力。

7. 新闻人有比较大的独立性和自由空间。由于新闻业务与经营之间的防火墙，更由于记者从人事管理上隶属于总编辑而非出版人的缘故，新闻记者享有较高的独立性和新闻业务话语权。另外一个常常被研究者忽略的体制环境是：美国新闻业没有像现在这样被几个寡头控制，新闻人可以凭职业技能在不同的新闻机构流动。

8. 新闻媒体是社会的中心和纽带，新闻机构不但提供新闻事实，而且为整个地方和社区提供一系列服务，比如有购物打折信息、天气预报、征婚等。一家报纸和电视台成为日常生活不可或缺的部分，所谓新闻的仪式化，新闻媒体从而集聚了巨大的社会资本。

以上的特殊生态环境，使其商业模式和新闻模式两张皮可以捆绑在一起，公共服务的成本被政府的有形及无形补贴和商业利润对冲。

第三个迷思涉及新闻业危机叙事。首先一层，新闻的危机实质是公共服务新闻的危机，而并非新闻作为商业机构的危机。尽管今不如昔，新闻业作为一个产业依然在赚钱。另外一层，所谓新闻业的危机是新技术冲击的结果的说法似是而非。且不说新闻业自诞生以来一直生存在科技的冲击中，退一步说，现在新闻的危机不仅仅是传统新闻的危机，而是整个新闻事业的危机，包括原生数字新闻媒体，这说明互联网的冲击只是一个表象。

第四个迷思，数字媒体包括自媒体可以取代传统新闻媒体。然而，近20多年的实践表明，这无非是一厢情愿的乌托邦。

实际上，美国传统的新闻生产模式——所谓的公共服务可以依存于商业模式之中，由于其依赖的客观环境发生了根本的改变而变得不可持续。

1. 新闻的法律地位当然还在，然而，政治环境却大不相同，由此带来实质上的政治地位的下降。例如，政府部门对新闻不再像以往那样敬畏，特朗普当总统时更是公开、不遗余力地攻击新闻媒体甚至羞辱记者，这在过去是不可想象的。

2. 市场竞争激烈，垄断地位不再，新闻的传播和影响基本

第 16 章

新闻的未来：媒介化社会的"公事公办"

被平台控制。

3. 大部分广告市场被平台占有，新闻的赢利模式转为订阅付费。新闻媒体，甚至新闻人不得不直接面对读者，读者成为纯金钱意义的消费者。商业逻辑和新闻逻辑合二为一，新闻与经营的防火墙瓦解。

4. 把关人地位丧失，假消息泛滥，出现后真相和另类现实。

5. 公信力降到历史最低。

6. 新闻同日常生活的关联度下降，新闻失去了以往所拥有的大部分社会资本。在传统生态环境里，新闻不仅仅是政治，更重要的是日常生活的必需。比方说，新闻节目之后的天气预报曾是人们必看的，也往往是广告标王。如今，人们可以通过手机随时随地得到各种天气信息。

7. 新闻记者的职业性、独立性被削弱。记者的生存条件日益恶劣，犹如生产线上的工人，经营者有绝对话语权。而且，由于新闻行业的垄断，一旦失业，将很难再在新闻行业找到工作，北家南家，都是一个东家。

8. 新闻人作为一个职业群体松散无力，失去了共同体的理解和支持。

资本主义的本质是追逐财富的不平等，传统媒体失去了垄断利润，无法去打包补贴新闻公共服务，生态环境的改变最后必然导致底线的冲突，即新闻公共性与商业逻辑之不可调和，而现在的新闻媒体更是商业主义横扫一切。例如，CBS 总裁在谈到 2016 年大选年得意地说："特朗普的参选为公司带来了巨大的收视率和广告收入,这可能对美国不利,但对 CBS 绝对是大好。"从另一方面讲,新闻的各项功能目前来看都逐渐被取代,最有利润的广告被平台拿去,只能通过付费墙和付费用户获得利润,而赔钱的部分比如政治时事新闻必然出现空白或者被弱化。

新闻的"公事公办"

从以上的分析可以看出,新闻的公共服务同新闻生产的商业化的矛盾是无法通过市场来解决的,新闻的"公事"必须"公办"。

然而,"公事公办"首先需要消除理论和认识上的误读和误解,同时也必须有积极的政策干预。

民主理论对政府干预新闻特别警惕,任何介入都会被视为对新闻独立自由的威胁与侵犯。其实,政府介入与新闻独立、自由并非水火不容。首先,从历史上看,新闻媒体一直受到政府明里暗里的资助。其次,美国宪法第一修正案设定的是消极自由,即新闻免于政府干涉的自由（freedom from）,但是却并没有限制政府可以通过财政和法律手段来保障和促进公民的言论自由以及新闻出版自由,特别是公民获得信息的自由。联合国《世界人权宣言》第 19 条特别提出信息平等是一项基本人权,要保护人们接受媒介信息和观点的权利。美国著名哲学家、宪法第一修正案专家梅肯约翰（Meiklejohn）曾精辟地指出:"最要紧的不是每个人都发言,而是所有值得说的都能够说到。"也就是说知无不言,

第 16 章

新闻的未来：媒介化社会的"公事公办"

言无不尽。这里其实还应该加上一句话，即不仅仅所有值得说的都能够说到，而且所有应该听到的都应该被听到，也就是说人的知情权和信息获得权同言论自由一样重要，也许更重要，而政府有责任保证公民此项基本权利的实现。

一个合情合理的担心是接受了政府资助的新闻媒体是否会失去其监督作用，所谓狗不会去咬喂它骨头的手。美国纽约大学教授本森（Rodney Benson）和合作者比较了美国的商业报纸和接受了政府资助的法国报纸的报道，发现同人们的预期相反，法国报纸普遍比美国同行对政府的批评更为犀利。研究还表明，受政府补贴的报纸在质量上更为出色。[1] 新闻学者斯特拉姆拜克（Jesper Stromback）和迪米特拉（Daniela Dimitra）比较了瑞典和美国报纸的大选新闻报道，发现纯商业的美国新闻报道侧重输赢，而受公共资助的瑞典报纸更侧重解释性报道。[2] 德国学者埃塞尔（Frank Esser）比较了德、英、法、美四国的电视网，得出结论：公共电视提供的信息普遍比商业电视网更为全面充分。[3]

---

[1] Rodney Benson, Timothy Neff and Mattia Hesserus, "Media Ownership and Public Service News: How Strong are Institutional Logics?" *The International Journal of Press/Politics*, Vol. 23, No. 3, 2018, pp. 275–298.

[2] Jesper Stromback and Daniela Dimitra, "Mediatization and Media Interventionism: A Comparative Analysis of Sweden and the United States", *The International Journal of Press/Politics*, Vol. 16, No. 1, 2011, pp. 30–49.

[3] Frank Esser, "Tabloidization of News: A Comparative Analysis of Anglo-American and German Press Journalism", *European Journal of Communication*, Vol. 14, No. 3, 1999, pp. 291–324.

在线 在场 在地
新闻的未来

另外一个根深蒂固的认识误区是片面相信观念市场，虽然一方面认同新闻不同于一般商品，但是另一方面却又坚持认为如果你的产品质量足够好，就一定会得到市场的认同，自然也会得到市场的回报。新闻作为公共产品，具有非竞争性和非排他性，不像一个苹果，谁花钱谁享受，你吃了别人就吃不到，新闻没有专利和版权——当然新闻的具体写法有著作权。另外，同其他公共产品诸如医疗、教育等不同，新闻很少称为个人层面的硬需求，其回报通常也并非立竿见影。新闻作为公共服务其重要性往往是隐性的，失去了才知道存在的重要，比如新闻监督的稻草人效应，没有消息才是好消息。

还有需要强调的一点是，既然新闻是民主的必要条件，信息的获得权不应该以金钱的有无多少来决定。而目前付费墙模式的实质是新闻进一步商品化和精英化，同新闻作为公共服务的宗旨是背离的，被付费墙隔在外面的恰恰是最需要信息的那部分人。

事实上，各国政府已经意识到这个问题的紧迫性，并且开始采取措施。加拿大政府拿出近6亿加元来补贴新闻媒体，还修改了税法，个人订阅新闻媒体的费用可以从所得税中扣除。同纸媒私有不同，英国的电视网络一直为公共所有。最近BBC还出资设立地方民主基金，资助150名地方记者。欧盟通过对谷歌等社交平台征税，建立公共利益媒体基金。法国免费为18岁的年轻人订报，并且推出了出版紧急纾困基金。新加坡、澳大利亚等都有相似性质的措施出台。美国一些州开始考虑推出

第16章
新闻的未来：媒介化社会的"公事公办"

新闻项目制，从税收中拿出资金来建立独立的社区新闻中心，加强地方民生新闻的报道。

当然，目前由于各种各样的原因，特别是政治原因，推出的政策的力度还远远不够。政府需要着手的一项重大政策干预是打破平台的垄断，也包括传统媒体的市场垄断。历史表明，无论新旧媒体，只要为资本所控制，就一定会走向垄断，而政府的及时有效的干预是非常必要的。远的不说，20世纪90年代，微软利用自己操作系统上的霸权，通过捆绑免费IE浏览器等软件来抢占市场，幸亏被政府反垄断干预阻止。试想一下，假如当时没有政府的反垄断干预，微软完全可以轻而易举地垄断浏览器、搜索引擎，也就没有谷歌什么事了。

其实，完全可以避开争议大的政治雷区而开始进行一些可操作的工作，比如通过多种渠道来资助新闻记者以培养和加强职业自主性；比如设立新闻专业奖学金，使更多的优秀人才像进入医学院和法学院一样加入新闻学院，比如可以资助从事公共新闻的自媒体，还可以负担商业媒体内政经记者的部分工资，建立记者失业救济保险，新闻工会制度等。没有独立的新闻记者，不可能有独立的新闻专业主义。当然，这并不是说未来的新闻公共服务只能"公办"，有公共、有商业、有公益、有机构、有个体的多元体制自然是优选。然而，必须明确的是，没有公共的投入，新闻注定没有未来，商业模式中的受众永远只是消费者。

主要参考文献

中　文

［德］本雅明：《本雅明文选》，陈永国、马海良编，中国社会科学出版社1999年版。

［法］让－克劳德·卡里埃尔（Carriere Jean-Claude）：《与脆弱同行》，郭亮廷译，江苏凤凰文艺出版社2018年版。

［英］弗里德利希·冯·哈耶克：《个人主义与经济秩序》，邓正来编译，复旦大学出版社2012年版。

英　文

Albernathy, *Penelop*, *News Desert & Ghost Newspapers*, Chapel Hill, NC: University of North Carolina Press, 2020.

Carey, James, *Communication as Culture*, 2nd Edition, New York: Routledge, 2008.

Carey, James, "Journalism and Democracy Are Names for the Same Thing: A Book Raises Journalists From Their Self-interested Complacency", *Nieman Reports*, June 15, 2000.

Diakopoulos, Nickolas, *Automating the News: How Algorithms Are Rewriting the Media*, Cambridge: Harvard University Press, 2019.

Dobeli, Rolf, *Stop Reading the News: A Manifesto for a Happier, Calmer and Wiser Life*, London: Sceptre, 2021.

Dobeli, Rolf, *The Art of Think Clearly*, New York: Harper Paperbacks, 2014.

Frye, Northrope, *The Educated Imagination*, New Impression edition, Bloominton, IN: Indiana University Press, 1964, p. 140.

Giddens, Anthony, *The Constitution of Society: Outline of the Theory of Structuration*, Cambridge: Polity, 1984.

Giddens, Anthony, "Risk and Responsibility", *Modern Law Review*, Vol. 62, No. 1, 1999, pp. 1–10.

Habermas, Jürgen, *The Structural Transformation of the Public Sphere: An Inquiry into a category of Bourgeois Society*, Cambridge: Polity, 1989.

Hockschild, Arlie, *Strangers in Their Own Land: Anger and Mourning on the American Right*, New York: New Press, 2018.

Jackson, Jodie, *You Are What You Read: Why Changing Your Media Diet Can Change the World*, London: Unbound, 2019.

Jarvis, Jeff, *Geeks Bearing Gifts: Imaging New Futures for News*, New York: CUNY Journalism Press, 2015.

Jarvis, Jeff, *Public Parts: How Sharing in the Digital Age Improves* the Way We Work and Live, New York: Simon & Schuster, 2011.

Jarvis, Jeff, *What Would Google Do? Reverse-Engineering the Fastest Growing Company in the History of the World*, New York: Harper Collins, 2009.

Kutler, Stanley, *The Wars of Watergate: The Last Crisis of Richard Nixon*, New York: W. W. Norton & Company, 1992.

Lippmann, Walter, *Liberty and News*, Illustrated Edition, Mineola, NY: Dover, 2010.

MacLeish, Archibald, *Poetry and Journalism*, Whitefish, MT: Literary Licensing, LLC, 2012.

Martin, Christopher, *No Longer Newsworthy: How the Mainstream Media Abandoned the Working Class*, Ithaca, NY: ILR Press, 2019.

McChesney, Robert and Victor Pickard eds. , *Will the Last Reporter Please Turn out the Lights: The Collapse of Journalism and What Can Be Done to Fix It*, New York: The New Press, 2011.

Meyer, Philip, *Precision Journalism: A Reporter's Introduction to Social Science Methods*, Fourth Edition, Lanham, MD: Rowman & Littlefield, 2002.

Munson, Eve and Christian Warreneds, *James Carey: A Critical Reader*, Minneapolis, MN: University of Minnesota Press, 1997.

Negroponte, Nickolas, *Being Digital*, New York: Alfred A. Knopf, Inc. , 1995.

Popkin, Samuel, *The Reasoning Voter: Communication and Persuasion in Presidential Campaigns, Chicago: The University of Chicago Press, 1994.

Postman, Neil, Amusing Ourselves to Death: Public Discourse in the Age of Show Business, New York: Penguin, 1985.

Reese, Martin, On the Future: Prospects for Humanity, Princeton, NJ: Princeton University Press, 2021.

Reese, Stephen, The Crisis of the Institutional Press, Hoboken, NY: Wiley, 2020.

Rust, Roland and Ming-hui Huang, The Feeling Economy: How Artificial Intelligence Is Creating the Era of Empathy, New York: Palgrave, 2021.

Rosenberg, Howard and Charles Feldman, No Time to Think: The Menace of Speed and the 24-hour News Cycle, New York: Continuum, 2008.

Saligman, Martin, Helplessness: On Depression, Development, and Death, Reprint Edition, New York: W. H. Freeman, 1992.

Schudson, Michael, Why Democracy Needs Unlovable Press, Cambridge: Polity, 2008.

Schudson, Michael, Why Journalism Still Matters, Cambridge: Polity, 2018.

Schudson, Michael, Journalism: Why It Matters, Cambridge: Polity, 2020.

Schudson, Michael, Watergate in American Memory: How We Remember, *Forget, and Reconstruct the Past*, New York: Basic Books, 1993.

Seligman, Ben, *Most Notorious Victory: Man in an Age of Automation*, New York: Free Press, 1966.

Sheuer, Jeffrey, *The Big Picture: Why Democracies Need Journalistic Excellence*, New York: Routledge, 2007.

Starr, Paul, *The Creation of the Media: The Political Origin of Modern Communications*, New York: Basic Books, 2005.

Stephens, Mitchell, *A History of News*, 3rd Edition, Cambridge: Oxford University Press, 2006.

Sunstein, Cass, *Republic: Divided Democracy in the Age of Social Media*, Princeton, NJ: Princeton University Press, 2018.

Tuan, Yi-fu, *Space and Place, the Perspective of Experience*, Minneapolis, MN: University of Minnesota Press, 2001.

Tetlock, Philip and Dan Garden, *Superforecasting: The Art and Science of Prediction*, New York: Crown Publishers, 2015.

Usher, Nikki, *News for the Rich, White, and Blue: How Place and Power Distort American Journalism*, New York: Columbia University Press, 2021.

Underwood, Doug, *Journalism and the Novel: Truth and Fiction, 1700–2000*, Cambridge: Cambridge University Press, 2008.

Vaidhyanathan, Siva, *The Googlization of Everything (and Why We Should Worry)*, Berkeley, CA: University of California

Press, 2011.

Vaidhyanathan, Siva, *Antisocial Media: How Facebook Disconnects us and Undermines Democracy*, Cambridge: Oxford University Press, 2018.

Weaver, David and Lars Willnat, *The Global Journalist in the 21st Century*, New York: Routledge, 2012.

Zuboff, Shoshanna, *The Age of Surveillance Capitalism: The Fight for a Human Future at the New Frontier of Power*, Reprint Edition, New York: Public Affair, 2020.

后　记
诗成客里倍缠绵

万里趋庭暂息肩，一檠孤坐思茫然。才辞水驿三湘路，又数山程五月天。

书到途中慵检点，诗成客里倍缠绵。白云翘首原非远，翻恨春归在客先。

清代桐乡人严谨去贵州赴任，途中在旅店写下了上面的这首诗。这首诗的每一句都击中此刻的我：暂歇肩，思茫然，无奈"诗"成客里，只能倍缠绵。

缠绵悱恻，大概是内心情感淤积无法排遣的意思。那么在这后记里就不说别的，排遣一下情感负担。

首先，我要特别感谢上本书《新闻业的救赎》的读者，承蒙各位的谬赞，也包括批评，我才有了继续写下去的勇气和动

后 记
诗成客里倍缠绵

力。你们在豆瓣、京东等平台的评论我都认真看过，你们在朋友圈的转发和评论，也不断有朋友转给我。

我更要感谢此刻的读者。我想说，有了你们，这本书才有了价值和意义。

必须发自内心地感谢《新闻记者》和主编刘鹏博士，感谢你们一如既往的信任和支持。我知道我占了这本优秀刊物的不少宝贵篇幅，内心常常是惶恐的。

感谢浙大宁波理工学院的领导和同人，感谢邵培仁院长、吴飞院长的鼎力支持。许多的感谢要给传媒与法学院的王军伟副院长。

感谢何镇飚教授。镇飚不弃辛劳，二度来明州访问，我们在一起度过了许多快乐的时光，包括在新冠病毒肆虐的日子里。

感谢老朋友展江教授、王天定教授、单波教授、胡泳教授，他们给予我学术上、精神上诸多支持。

还要特别感谢中国社会科学出版社，特别是本书的责任编辑王丽媛女士。

最后，我想把这本书献给贝贝和杰西。贝贝是我太太，我要感谢她的陪伴和"喂食"，尽管往往是先喂杰西然后才是我。

杰西是我们收养的——不，是它收养了异国他乡的我们才更准确——宝贝大黑猫，中国名字叫警长，美国名字叫 Jesse。

彭增军
2022 年 12 月